W0242990

GÜTERSLOHER
VERLAGSHAUS

Gütersloher Verlagshaus. Dem Leben vertrauen

Für Hannah – nachgerufen

Tilman Jens

VATERmord

Wider einen Generalverdacht

Gütersloher Verlagshaus

Ja, ich hör mit blutgem Beben,
Wie der ewge Richter spricht:
Allen Sündern wird vergeben –
Nur dem Vatermörder nicht.

Franz Grillparzer, Die Ahnfrau, Trauerspiel, 1817

I. Statt einer Unterlassungsklage

Nein, ich habe meinen Vater nicht auf dem Gewissen. Aber hat einer wie ich überhaupt ein Gewissen? Oder ist da nur ein schwarzes, verödetes Loch? Ich selber weiß es nicht mehr in jenen Tagen. Ein Kollege vom Zürcher *Tagesanzeiger* aber weiß: *Walter Jens' größte Strafe ist sein Sohn.* Der beteuere zu allem Überfluss auch noch, *dass er ihn liebe*, sekundiert donnernd ein alter Kumpan meiner Eltern, Friedrich Schorlemmer, Pfarrer zu Wittenberg, zu DDR-Zeiten ein mutiger Mann, in seiner Predigt zum Karfreitag und fügt, tagesaktuell über die Nachfolger des Verräters Judas sinnend, hinzu, dass *ein so liebender Sohn im Hause den Scharfrichter erspart.* [1] Dagegen ist Marcel Reich-Ranicki, der einmal der engste Freund meines Vaters war, fast schon

[1] Einige der empörten Reaktionen, die ich zitieren werde, beziehen sich auf meinen Artikel »Vaters Vergessen« (FAZ, 4. März 2008), in dem ich die Krankheit meines Vaters erstmals thematisierte. Da sich die Invektiven in ihrer Tonlage kaum von den Rezensionen meines Buches unterscheiden, sondern in beiden Fällen gleichermaßen auf meine Person zielten, habe ich auf eine Differenzierung verzichtet.

wohltuend zurückhaltend. Für ihn ist das Buch über das Demenzleiden des einstigen Mitstreiters einfach nur *geschmacklos.* Ob er es denn gelesen habe, will der Interviewer Matthias Döpfner wissen. *Nein. Ich finde es unanständig, ein solches Buch zu schreiben.* Er braucht nicht einmal einen Text, um dem Autor die Meinung zu geigen.

Der alte Mann in Tübingen kann sich derlei Bezeugungen des Mitgefühls nicht mehr verbitten. Ob er es getan hätte? Das Grübeln hat keinen Zweck. Er kann kaum noch sprechen und die anderen haben ihr Urteil gefällt.

Schau in den Spiegel, Du ewiger Sohn. Siehst Du die Fratze des Ödipus? *Des Vaters Kind und Mörder doch zugleich.* Der Vater hat die Tragödie des Sophokles, die ganze Thebanische Trilogie, doch selbst übersetzt. Im November 2007 – da war er schon schwerkrank – haben wir noch einmal alle zusammen den dritten Teil gesehen. Die Inszenierung der *Antigone* am Heidelberger Stadttheater war, formulieren wir es behutsam, ein wenig schrill: Kreon mit einer Kokosnuss statt des obligaten Zepters in der Hand, Ismene radelte auf einem Mountain-Bike über die Bühne und der Totenwächter trug eine rote Verdi-Warnstreik-Weste. Aber all das zog gnädig an ihm vorüber.

Mein Vater, ein letztes Mal im dunklen Anzug, saß am linken Rand der ersten Reihe, damit er, wenn ihm das muntere und recht lautstarke Treiben auf der Bühne zu viel werde, jederzeit den Saal verlassen und nach Tübingen heimfahren könne. Er war nicht mehr in der Lage, der Handlung, dem tödlichen Streit um ein Begräbnis, ein ehrenvolles Totengedenken zu folgen – und schien doch eigentümlich entspannt an diesem Abend, so heiter wie schon lang nicht mehr. Er hielt meist die Augen geschlossen, ab und an zog ein Lächeln über das schmal gewordene Gesicht, so als hätte er gerade eine der Textzeilen wiedererkannt, die er vor weit über 40 Jahren aus dem Griechischen übertragen hatte. *Komm. Komm und erscheine schönster Tag, du letzter meines Lebens. Komm! Komm jetzt. Lass mich die Sonne nicht mehr sehen.* Vorhang. Beifall. Anders als bei der *Ödipus-auf-Kolonos*-Premiere in der vergangenen Spielzeit, nur ein knappes halbes Jahr zuvor, schafft er es nicht mehr auf die Bühne. Er erhebt sich einen Moment von seinem Sitz, winkt noch einmal ins Publikum, eine kleine Verbeugung, zufrieden, aber sichtlich erschöpft. Das Spiel ist aus. Er hat nie wieder ein Theater besucht.

Im Februar 2009 wird der Ödipus-Mythos im deutschen Feuilleton finster fortgeschrieben. *Den Mörder zu bestrafen ist Apolls Befehl.* Laios späte Rächer nehmen den Auftrag genau und formen aus dem antiken Familiendrama ein grausiges Boulevard-Stück. Selbst Gert Ueding, nun wahrlich kein Freund meines Vaters, scheint dabei eine späte Affinität zu seinem Vorgänger auf dem Tübinger Lehrstuhl für allgemeine Rhetorik zu entdekken und fühlt sich berufen, dessen Ältesten in der *Welt* des *literarischen Vatermordes* schuldig zu sprechen. *Aus Rachemotiven* – wofür bleibt offen – habe der Spross seinen Altvorderen über den Jordan, die Wupper oder den Neckar gewünscht. *Tilman Jens begräbt den lebendigen Vater.* Das berührt die Urängste der Leser. Taphephobie, das ist der Alptraum der Menschheit: als Scheintoter zu Grabe gelassen zu werden, dämmernd im Sarg und dort schließlich qualvoll erstickend. Schlimmer kann der Tod kaum sein, grausamer kein Sohn.

Das Schurkenstück vom verkommenen Filius, der seinen lebenden Vater begräbt, ist einschlägig bekannt, ein schauriges Zitat. Unter Schillers *Räubern* macht's Ueding nicht, der Poeten-Versteher aus dem schlesischen Bunzlau, der 1990 für allgemeine Heiterkeit sorgte, als er sich anschickte, die Hervorbringungen der Weltliteratur wie Herakles den Augias-Stall auszumisten, der lästigen Seitenstränge zu entledigen und das, was den Kürzungen, dem furiosen Streichkonzert trotzte, in einer Taschenbuch-Reihe namens *Studio Klassik* zu verramschen. Ein hemmungsloser Klippschulkurs von Boccaccio bis Flaubert – *für alle Leser, die eine neue Dimension der Literaturvermittlung mit einem spannenden Leseabenteuer verbinden wollen.* Zurück blieben versehrte Dichter.

Das monumental angelegte Projekt fand mit Band 12 bald ein gnädiges Ende – ungebrochen indes scheint des Literaturkundlers schweißtreibender Drang, die Klassiker nach eigenem Gusto neu zu frisieren. Jetzt also schreibt er im Feuilleton der *Welt* auch noch die *Räuber* fort. Dramatis personae: Mein Vater als der alte Moor, ich als die Kanaille Franz, die Missgeburt, der Sohn ohne Charakter, dessen zur Schau gestellte Fürsorglichkeit (*Aber ist Euch auch wohl, Vater? Ihr seht so blaß.*) schiere Heuchelei ist. Franz wie Tilman wollen ihrem Senior nichts Gutes, sie wollen ihn lebendig begraben. Endlich aus dem väterlichen Schatten treten! Ueding hört den Groschen fallen: *Das Modell, die Methode Franz, hat längst nicht ausgedient.* Sie wird – erraten, durch mich! – fortgesetzt. *Infam ist die Methode und infam das Porträt, das dabei herauskommt.* Ein feiger Anschlag auf den Übermächtigen eben, der schon Schillers Karl, den edlen Mooren-Sohn, der Antipode zum schändlichen Franz, zu einer Verwünschung veranlasste, die zorniger kaum sein könnte. *Höre mich dreimal, schröcklicher Gott [...] Hier schwör ich, das Licht des Tages nicht mehr zu grüßen, bis des Vatermörders Blut gegen die Sonne dampft.* Einem wie Franz bleibt schon bei Schiller nur noch der Strick. Danke!

Was treibt Ueding, was seine Mitstreiter, die mich im Frühjahr 2009 zum Mörder meines Nächsten schreiben? Geht es hier noch um ein Buch? Mit Verrissen hat ein Autor zu leben – und, wer das nicht kann, sollte vielleicht besser vom Schreiben lassen. Die Angriffe der vergangenen Wochen aber zielen nicht auf einen Text, sondern auf die Person des Verfassers, der den Mann, dem er sein Leben verdankt, verraten, der Lächerlichkeit preisgegeben habe. Die Anklage wiegt schwer. Als mein Buch *Demenz – Abschied von meinem Vater* im Februar 2009 erscheint, die Krankengeschichte eines Mannes, der nach einem biographischen Schock sein Gedächtnis verlor, sehe ich mich, obgleich es durchaus auch freundlich differenzierende Beurteilungen gab, von weiten Kreisen des deutschen Feuilletons zur Fahndung ausgeschrieben, als geltungssüchtiger Judassohn, als degenerierter Schänder der anverwandten Lichtgestalt. Ganz offensichtlich bin ich meinen Eltern gründlich misslungen.

Focus druckt eine Vorab-Rezension und stellt sie

ins Netz. Das Buch ist zu diesem Zeitpunkt noch nicht im Handel erhältlich, aber die Schar der anonymen Schreiber im Kommentar-Forum weiß bereits, was von dieser *ehrlosen Hinterhältigkeit*, dieser *Höchstform der Verkommenheit* zu halten ist. Da scheint, jenseits des Feuilletons, ein Nerv getroffen. Der Autor *soll sich schämen und möglichst bald den Begriff Sohn und den Namen Jens ablegen.* An guten Ratschlägen ist dieser Tage kein Mangel. *Walter Jens wird nicht mehr lange leben. Die Miterben sollten schon jetzt die Erbunwürdigkeit des Sohnes gerichtlich feststellen lassen.* Ich bin, so muss ich schließen, ein Fall für die Justiz. Die wäre gut beraten, meint ein Zeitgenosse, der sich martialisch *Lattenknaller* nennt, *Tilman Jens auf den Index zu setzen.* Und ein Günther ergänzt: *Wer sein Buch erwirbt, ist ohnehin krank.*

Vatermord! Mir klebt also Blut an den Händen. Da darf man im Umgang schon einmal die Gangart verschärfen. Ein Mann namens Mischke, Rezensent unter anderem der Heidelberger *Rhein-Neckar-Zeitung*, der meinen Beruf als *Journalist und Denunziant* angibt, tituliert mich, ebenso knapp wie justiziabel, als *Mördersohn*. Das könnte allerdings auch Sohn eines Mörders bedeuten. Sei es, wie es wolle: Auf Mord steht nun einmal lebenslänglich. Ich muss dankbar sein, dass die

Fahnder aus dem Feuilleton nicht gleich noch meine Privatadresse veröffentlichen.

Der Anwalt unserer Familie ist eigentlich ein recht friedliebender Zeitgenosse. Seit den Mutlanger Tagen ein Freund meiner Eltern, die in ihrem langen Leben nicht eben häufig den Kadi bemühten, nur dann und wann wegen einer unbotmäßigen Sitzblockade oder des Versteckens US-amerikanischer Kriegs-Deserteure vor den Richter zitiert wurden. Lukrative Dauermandanten aber waren sie nie. Konflikte, da hatten sie wenig Zweifel, lassen sich anders regeln, meine Mutter bevorzugt in einem auf Kompromiss-Lösungen abzielenden Dialog, mein Vater gern auch im offenen Schlagabtausch, publizistisch. Aber Klagen vor Gericht ist irgendwie kleinlich. Holger, Advokat, Pazifist und bekennend widerspenstiger Kleinaktionär des Daimler-Konzerns, wird vornehmlich für andere Probleme benötigt: für Ratschläge beim Aufsetzen des Testaments, fürs Ausfeilen einer juristisch unangreifbaren Vorsorge- und Patientenverfügung vor allem. Er ist ein Mann von Besonnenheit.

Jetzt aber gibt selbst er den Gang in die Offensive zu bedenken. Ob mir die juristische Dimension der Anschuldigungen der vergangenen Wochen bewusst sei? Gegen die öffentliche Verdächtigung müsse man eigentlich vorgehen. *Die Tat, die sie Dir vorhalten, ist, genau genommen, ein Schwerverbrechen.* Die Ausführenden – meist in tiefster Verzweiflung – neigen dabei zu besonderer Brutalität. Das sind keine gewöhnlichen Giftmischer oder Heckenschützen, nein, Vatermörder, das zeigen die einschlägigen Polizeiberichte, die greifen zu Messer, Beil oder Hammer und überschütten ihr Opfer, um ganz sicher zu gehen, bisweilen noch mit Benzin. Da bahnt sich blanker, neurotischer Hass seinen Weg. Und fast immer sind Motive der Rache im Spiel: Der Vater hat den Sohn nie beachtet oder, weit häufiger noch, er hat die Mutter misshandelt, geschlagen. Lang schon haben sich beim Delinquenten die Emotionen angestaut. Endlich Satisfaktion! Die Vernichtung des Unterdrückers scheint die letzte Chance der Befreiung. Vatermörder sind Triebtäter der besonderen Art.

All das kennzeichnet das Profil dieses Verbrechens, das sie mir unterstellen. Immerhin weiß ich nun, die weitere Verbreitung des ungeheuerlichen Verdachts ließe sich gerichtlich unterbinden. Der Gedanke ist tröstlich. Es lebt sich nicht gut mit dem Kainsmal, seinen wehrlosen Nächsten entehrt, entwürdigt, gemordet zu haben. Der gebannte Blick auf den Nabel, die Exploration der eigenen Befindlichkeit ist meine Sache nicht. Aber die Attacken hinterlassen Spuren.

Anfang März kann ich von einem Tag auf den anderen nicht mehr laufen: Schon der Gedanke an einen Intercity, der, wie ich auf einmal merke, beim Einstieg eine Trittstufe weniger hat als etwa der ICE, macht Angst, bereits am Vorabend der Reise. Ein Bahnhof, der weder über Rolltreppen noch über Fahrstühle verfügt, eine Anschluss-Verbindung in Braunschweig werden, jedenfalls mit Gepäck, zum schier unüberwindbaren Hindernis. So also kann sich Behinderung anfühlen. Die Beine verweigern den Befehlen des Gehirns ihren Gehorsam. Ich falle Treppen hinunter und stolpere ungelenk durch den Alltag.

Berufsstand Denunziant? Ich bin Fernsehjournalist und muss – oder darf – sehr viel reisen. Humpelnd, jeden zweiten Morgen von einem kugelrunden Pfleger im Hospital mit Cortison halbwegs schmerzarm gespritzt, schleppe ich mich, weil eine lang schon vereinbarte Produktion zu Ende zu bringen ist, durch die Wälder am Rande von Ushuaia. Dort, am Ende der Welt, hat ein chilenischer Bildhauer einen gewaltigen Walfisch aus Lehm modelliert. Am Tag darauf versucht ein Kommando mit 13 Feuerlöschern den alten Hangar der argentinischen Militärs in den Nebel des gnädigen Vergessens zu tauchen. Aus einstigen Untaten wird Kunst. Feuerland ist Schauplatz der südlichsten Biennale des

Globus: welch gigantische Expedition! Aber so geht es nicht mehr. Werde ich künftig überhaupt noch Arbeit finden? Wer beschäftigt schon einen, der als Vatermörder Schlagzeilen macht? Mein Kameramann entdeckt im Netz eine kurze Notiz. In Novosibirsk werden Deutschlehrer gesucht.

Doch statt der Welt ruft erst einmal das Krankenhaus. Wie ein Kleinkind erlerne ich – mit 55 Jahren noch einmal mühsam das Laufen. *Das linke Bein durchdrücken und hoch mit der Ferse!* Die betont sanfte Stimmlage des Therapeuten verheißt nicht eben Beruhigendes. Die elenden Übungen, erst stationär, dann ambulant, ziehen sich über mehr als ein halbes Jahr. Eine Herzensbindung zerbricht darüber. Wir hatten uns eine Menge vorgenommen. Angeschlagen wie ich bin – immer um die eigene Achse, um den einen ungeheuren Vorwurf humpelnd, den keine Verfügung eines Amtsgerichts aus der Welt wird schaffen können – bin ich in der Tat schwer zu ertragen … halt es doch selber kaum mit mir aus.

Die lieben Kollegen indes schildern den Frevel, dessen sie mich bezichtigen, in immer neuen Facetten. *Die Akribie*, ätzt der *Tagesspiegel* noch im Herbst 09, *mit welcher der Autor den zunächst schleichenden, dann immer drastischeren geistigen und körperlichen Verfall des Vaters inszeniert (und ihr die eigene Erinnerungsfähigkeit triumphierend entgegensetzt), hat etwas Perfides.* Spaß hat er also auch noch, das Schwein, ein wohliges Gefühl des Triumphs im Anblick des krepierenden Vaters! Der Feuilleton-Chef der *Welt* hatte sich ja bereits über ein *pubertäres Vatermord-Spiel* erregt. Diesmal ein Spiel also, aha! Mein Abschied von dem Mann, dem ich meine Existenz verdanke, die Beschreibung einer Altersdemenz und ihrer Begleitumstände: der Zeitvertreib eines bis ins 55. Lebensjahr Unreif-Gebliebenen, den es eigentlich gleich am Tübinger Hauptbahnhof abzufangen und wieder nach Frankfurt zurückzuschicken gelte. *Die Stadt sollte ihren nun dahinscheidenden Großen beschützen, notfalls auch gegen den Sohn*, räsoniert ein Anonymus vom *Tübinger Wochenblatt* – gewiss keine Zeitung von überragendem Einfluss, aber, als Medium, das sich ausschließlich aus Anzeigen finanziert, eben doch in jeden Briefkasten meiner Heimatstadt geschmissen.

Der so allgegenwärtige Kolumnist wähnt im Öffentlichmachen eines Hirnleidens den *absurden und widerwärtigen symbolischen Vatermord seines charakterlich ziemlich missratenen Sohns.* Die Überschrift verzichtet auf das überflüssige Beiwort *symbolisch*. Macht doch eh keinen Unterschied. Gibt es einen symbolischen Mörder, einen symbolischen Schänder, einen symbolischen Räuber? Das Stigma bleibt: Hier treibt ein Gewalttäter sein Unwesen, der aus innerem Zwang den kranken Vater gemordet hat. Der soll sich in Schwaben, wo der Geist noch zählt und mit Leidenschaft beschützt wird, bloß nimmer blicken lassen. Am Neckar kennt man seinen Ödipus. *Mich aber soll die Stadt, die väterliche, niemals lebend – einen Bürger unter Bürgern – sehen: das sei nicht von ihr verlangt.*

Mein einstiger Englisch-Lehrer am Tübinger Uhland-Gymnasium, den ich als eher trägen Freund des Gerstensafts erinnere und der sich beim Korrigieren der Klassenarbeiten gern Zeit ließ, hat es auf einmal mächtig eilig. Noch bevor mein Buch überhaupt erschienen ist, schickt er, aufgeschreckt durch eine Vorab-Rezension, einen Leserbrief an die heimische Tageszeitung: *Leider werde ich es aller Wahrscheinlichkeit nicht mehr erleben, wie Sie sich in 30 Jahren in eine Demenz flüchten müssen, um die Schuld gegenüber Ihrem wehrlosen Vater zu verdrängen.* Leider. Schuldig! Schämen und Setzen! Was will der pensionierte Pauker? Woher rührt all der unverhohlene Hass, der mir da entgegenschlägt? Ist etwas dran am schweren Verdacht? Habe ich mich, und sei es aus unbewussten Motiven, an meinem kranken Nächsten vergangen? Das in der Tat wäre schrecklich. Oder aber ist der gemutmaßte Patrizid ein tumber Generalverdacht, die Vatermord-Keule eine altbewährte Waffe aus der Asservatenkammer der Küchenpsychologie?

Eine Klage vor Gericht, so reizvoll sie wäre, ist kein Weg, um Klarheit zu gewinnen – aber das Delikt, seine gesellschaftlichen Bezüge, seine Geschichte beginnen mich zu interessieren.

Gerade wegen seiner Allgegenwärtigkeit eignet sich der Ödipuskomplex nicht zu einem Schluß auf die Täterschaft.

Sigmund Freud, in: Neue Freie Presse: »Das Fakultätsgutachten im Fall Halsmann«, 1930

II. Ödipus in Innsbruck

Nein! Das kann nur ein Komplott sein. Damit hat er nichts zu tun. *Hier geschieht ein Justizmord,* hat er zur Geschworenenbank geschrien, als sie ihn, an den Händen gefesselt, nach der Urteilsverkündung aus dem Gerichtssaal abführen. Zurück in die Zelle. Er versteht die Welt nicht mehr. Das grausige Missverständnis muss sich doch endlich klären. Vor gut einem Vierteljahr, in den frühen Morgenstunden des 10. September 1928, haben sie den 22jährigen in der Dominikushütte festgenommen und nach Innsbruck verbracht. Seitdem hockt er in diesem nassen, kalten Loch, kauert auf seinem harten Strohsack, an dem er *vor Wut nagen* möchte, und grübelt über *die Symbolik des Lorbeerblatts in der Gefängnissuppe.* Irgendeinen Sinn muss das Ganze doch geben. So lang der Weg durch die Revisions-Instanzen nicht ausgeschöpft ist, darf er wenigstens nach Belieben lesen. Er lässt sich Kafkas Schloss in die Zelle bringen. Dem Landvermesser K. fühlt er sich nah, in ihm ist kaum mehr als *absolut hilflose Empörung.* Im Nebentrakt, schreibt er seiner Freundin aus dem Knast, *weint jemand ununterbrochen, tagelang.*

Der junge Mann mit den modisch-runden Brillengläsern und dem akkurat gestutzten Schnauzer – sein Name ist Philipp Halsmann – muss, bis die Verurteilung rechtskräftig wird, keine Sträflingskleidung tragen. Noch im Kerker legt er Wert auf Jackett und Krawatte. Er verlangt nach Papier und Bleistift. Er verfasst bittere Aphorismen. Das schafft ein wenig Luft. Was den Unterschied zwischen Folter und Haft ausmacht? *Er besteht nur in der Konzentration der Qual und darin, dass bei der zweiten das Schreien verboten ist.* Nicht aber das Jodeln des Zellennachbarn, das ihn in den Wahnsinn treibt. Um acht Uhr in der Früh eine Stunde Hofgang: *Im Kreis im Gänsemarsch. Genau wie man es im Kino sieht … Vor mir geht einer wegen Mordversuch, hinter mir einer wegen Diebstahl.*

Den Rest des Tages stiert der Student der Elektrotechnik an der Technischen Hochschule Dresden auf ein vergittertes Fenster, das er, um die Zeit totzuschlagen, in Versen zu vermessen sucht: *Drei Stäbe gehen in Quere / Vier Stäbe sind vertikal / Und draußen ist leuchtende Leere / Und drinnen ist einsame Qual.* Zehn Jahre soll die Pein dauern. Zehn Jahre Kerker. Die Geschworenen haben mit neun zu drei auf schuldig plädiert. Das Urteil, ist in der *Neuen Freien Presse* zu lesen, *erscheint geeignet, ein junges Leben vollständig zu vernichten.*

Zeitungsredaktionen aus halb Europa hatten ihre besten Korrespondenten entsandt, die bis zu drei Sonderseiten pro Ausgabe aus dem Innsbrucker Schwurgerichtssaal lieferten, in dem einer der wohl rätselhaftesten und spektakulärsten Fälle der Kriminalgeschichte verhandelt wurde. Die Indizien, schrieb der Schriftsteller und begnadete Gerichtsreporter Theodor Lessing im *Prager Tagblatt,* deuteten auf ein *unlösbares Für und Wider*, die Tat selber versprach einen Blick in die Tiefen des menschlichen Abgrunds. Angeklagt: Philipp Halsmann, der älteste Sohn eines jüdischen Zahnarztes aus Riga, bezichtigt eines Meuchelmords, wie er ehrloser kaum sein könnte.

Auf einer gemeinsamen Bergtour durch die Tiroler Alpen soll er den Vater den Hang hinab gestoßen und den gestürzten Murdoch Halsmann dann, als der wehrlos, verletzt im Zamserbach lag, auf bestialische Art mit einem Stein erschlagen haben. Der Schädel des 49-jährigen Dentisten, von der Gerichtsmedizin vom Körper abgetrennt und als Beweisstück in Formalinspiritus konserviert, ist von Spuren roher Gewalt übersät. Mindestens zwanzig Mal, so rekonstruieren die Pathologen, muss der Täter auf sein Opfer eingeschlagen haben. Auch der Anwalt des Angeklagten spricht von einer *fürchterlichen Metzgerei.* Wieviel Hass hat sich da entladen!

Der Sohn beharrt darauf: Es war ein Unfall. Murdoch Halsmann sei rücklings vom Saumweg gestürzt. Der schlecht befestigte Pfad bedeute, so stand es wenige Tage zuvor in der Zeitung, *geradezu eine Lebensgefahr für die Passanten* – für die beiden nicht eben gebirgserfahrenen, alles andere als alpingerecht gekleideten Familienausflügler im Besonderen. Ein verhängnisvolles Unglück in den Bergen! Er selbst, beteuert Philipp, sei unter Gefährdung des eigenen Lebens augenblicklich zum Vater hinunter geklettert, rund 15 Meter in die Tiefe, habe den Schwerverletzten notdürftig aus dem Wasser geborgen. *Den Kopf konnte ich etwas auf die Seite drehen, ganz aus dem Wasser brachte ich den Körper nicht, weil er mir zu schwer war.* Dann sei er, so schnell es irgend ging, zum Ort ihrer letzten Rast zurückgerannt. Die Dominikushütte liegt nur eine Viertelstunde entfernt. Er will Hilfe holen. Ein Arzt muss her. Weiß er nicht, dass der Vater zu diesem Zeitpunkt bereits tot ist?

Nach den genauen Geschehnissen befragt, verwickelt er sich in Widersprüche, sagt einmal, er sei ein paar Meter vor dem Vater, ein andermal, er sei hinter ihm gelaufen. Einmal sagt er: *Ich sah meinen Vater abstürzen* – ein andermal, er habe nur einen leisen Wehruf gehört. *Den Absturz über den Hang konnte ich nicht sehen, da ich auf diesen keinen Ausblick hatte.* Er deutet – kaum ist der Tote geborgen, mit Zweigen und Farnen bedeckt – auf die angebliche Absturzstelle. Er hat keinen Zweifel. *Hier muss es gewesen sein.* Hier, sagt Philipp Halsmann, nahm die Tragödie ihren Lauf. 172 Schritte weiter aber findet sich wenig später ein blutverschmierter Stein, an dem ein Büschel Haare klebt. Unter einem kleinen Erdhaufen: eine rote Lache. Schuhabdrücke. Spuren eines hektischen Transports. Dort also muss Murdoch Halsmann in Wirklichkeit zu Tode gekommen sein, nicht durch einen Unfall, sondern durch die Hand eines Mörders. *Es hat ausgeschaut, als habe man ein abgestochenes Schwein darübergeschleift*, gibt ein Zeuge dem Untersuchungsrichter zu Protokoll.

Der Fall scheint klar. Ist er es wirklich? Schon den Journalisten, die den Prozess beobachten, fällt auf: Die Ermittler vor Ort und vor allem später der anklagende Staatsanwalt haben sich von vornherein nur auf den verdächtigen Sohn konzentriert und alles, was gegen dessen Täterschaft sprach, unter den Teppich gekehrt. An der Kleidung des vermeintlichen Täters fand sich kein Blut. Wie das möglich sein kann angesichts des Gemetzels, das laut Obduktionsbefund stattgefunden haben muss (*der Täter schlägt 8 bis 10mal in dieselbe Wunde)*, bleibt schleierhaft. Die Brieftasche, in der sich nachweislich 500 Franken befanden, als Vater und Sohn zur tödlichen Bergetappe aufbrachen, liegt leer neben der Leiche. Der verdächtigte Sohn aber, der wenige Stunden nach der Tat leibesvisitiert wird, hat das Geld nicht. Ist der Vater am Ende Opfer eines Raubmordes geworden, den ein Dritter verübte, als Philipp Hilfe für den Verunglückten holte? Niemand zieht das ernsthaft in Erwägung.

Die Beweisführung ist erbärmlich: Es fehlen die kriminalistischen Spuren, die den Verdächtigen eindeutig überführen, vor allem aber fehlt das Motiv des vermeintlichen Täters. Nichts deutet auf ein gestörtes Verhältnis von Vater und Sohn. Verwandte und Bekannte bekunden nur das Beste. Die Anklage konstruiert hanebüchene Indizien, um den Geschworenen eine vermeintlich zerrüttete Beziehung der beiden Wanderer durch den Spätsommer zumindest zu insinuieren. Es sei verdächtig, sagt der Staatsanwalt auf der Suche nach Indizien, *dass im Gasthause Vater und Sohn getrennte Zimmer verlangt haben.* Dass Murdoch Halsmann ein auch von seiner Ehefrau gefürchteter Schnarcher war, bleibt unerwähnt. Es sei verdächtig, dass der Sohn sechs Stunden nach dem Tod des Vaters in der Berghütte eine große Portion Schweinsbraten verzehrt habe. Darf ein Trauernder einzig dünne Suppe essen? Der Tag, der mit einem alpinen Aufstieg begann und mit dem Bergen der väterlichen Leiche aus dem Abgrund sein trauriges Ende fand, war auch für den Körper eine Strapaze.

Philipp, Sie haben heuer Ihrem Vater zum 48. Geburtstag eine Glückwunschkarte in Gedichtform geschrieben. Der Angeklagte nickt. *Wie können Sie da Ihren Vater als feistes Geizgesicht anreden?* Der Sohn, erinnert sich sein Anwalt, bekommt fast einen Lachkrampf. Der russische Sachverständige hat falsch übersetzt. Philipp hat *Glücklicher Murdoch* geschrieben. Nächster Versuch! Nicht einmal einen Sarg habe der Sohn seinem Vater gegönnt. Es reiche, wenn der Vater in einem Leintuch, den Kopf nach Osten, bestattet werde. Ungeheuerlich! Die religiösen Gebräuche der Ostjuden, die diese Art der Bestattung vorschreiben, interessieren niemanden in Tirol, wo der Antisemitismus, wie die öffentliche Kommentierung des Falls zeigt, finstere Urständ feierte in diesen Tagen, nicht nur in einem Spottgedicht wie diesem:

Indizien, was woll'n sie mich belasten
Ich Jude leugne immerfort. […]
Was wollt ihr denn, Antisemiten?
Ihr klagt mich an, es ist zu dumm
Seid froh, daß heut in Eurem Staate
Ein Jude bringt den andern um.

Irgendetwas wird sich doch finden. Es sei verdächtig, dass Vater und Sohn nach Aussagen eines 12jährigen Hirtenjungen heftig miteinander gestritten hätten. Der habe die beiden wild mit den Händen herumfuchteln sehen. Oder haben sie nur lebhaft diskutiert? Drei Passanten, die den zwei Wandergefährten auf ihrer letzten Tour begegnet sind, hatten den Eindruck von bestem Einvernehmen. Der Vater habe Philipps Rucksack geschleppt. Was sei das für ein Sohn, der seinem Altvorderen so etwas zumute? Der junge Student litt an Akne. Einem Ratschlag seines Hausarztes folgend hat er den Oberkörper entblößt und die Haut der kräftigen Alpensonne ausgesetzt. Der Vater habe für sich eine hohe Lebensversicherung abgeschlossen, auf deren Auszahlung der Sohn spekuliert habe. Eine Fehlinformation! Tut uns leid. Aber es wird schon etwas hängen bleiben.

Die Anklage beruht zu einem Gutteil auf bloßem Verdacht. Selbst die grenzwissenschaftliche Expertise eines Graphologen kann sich nicht recht entscheiden. Auf beklemmende Weise dokumentieren der freimütig polemisierende Aufsatz von Halsmanns einstigem Verteidiger Franz Pessler, ein Glanzstück deutschsprachiger Anwaltsprosa, herausgegeben 1931 von der österreichischen Liga für Menschenrechte, vor allem aber Martin Pollacks minuziöse Recherche des Falls aus dem

Jahr 2002: Wenn es um das Delikt des Vatermords geht, um das Verbrechen der Verbrechen, dann ist es um die Objektivität der Beteiligten, um den Willen nach vorteilsfreier Aufklärung geschehen – und der Argwohn treibt wilde Blüten.

Da wird kein gewöhnlicher Mord zur Anzeige gebracht. Der Patrizid ist, wie Freud schrieb, *nach bekannter Auffassung das Haupt- und Urverbrechen der Menschheit*, dessen Geißelung einst weit über die Vorschriften des Strafrechts für einen normalen Mord hinausging und gelegentlich Züge ewiger Verdammnis annahm. Da darf keiner mehr auf Vergebung hoffen. *Was hat die Hölle menschlicher Bosheit mehr zu bieten noch, als Vatermord!* – lesen wir in Leopold Langenschwarz' *Arithmetik der Sprache,* einem rhetorischen Standardwerk von 1834, das nicht zuletzt Auskunft über die Kunst des sprachlich geschliffenen Bannfluchs gab. *Vatermord! Gibt es eine Phantasie, die Tieferes kennt im Abgrunde des Entsetzens als diesen Namen? Vatermord!*

Vatermord, das ist die verabscheuungswürdigste Formel des Sohnesundanks, ein gefühlsroher Schlag gegen den Nächsten, der blutige Bruch des Vierten Gebots, das, Luther hat's im *Großen Katechismus* in einer flammenden Brandrede formuliert, so viel mehr befiehlt als einzig Vater und Mutter zu ehren. *In dieses Ge-*

bot gehört auch weiter zu sagen von allerlei Gehorsam gegen Oberpersonen, die zu gebieten und zu regieren haben. Denn aus der Eltern Obrigkeit fließt und breitet sich aus alles andere. Es geht nicht um Folgsamkeit, es geht um Subordination schlechthin. Neben dem Vater des Geblüts gilt es ebenso die *Landesfürsten und Oberherrn, die Patres Patriae, die Väter des ganzen Landes* untertänig zu achten. *Wer es so hält, soll gute Tage Glück und Wohlfahrt haben.* Doch weh Dir, wenn Du Dich auflehnst. Dann bist Du verloren, verstoßen für immer. *Gehorchst Du nicht, so gehorche dem Streckebein, das ist der Tod.* Wer aufbegehrt gegen die Väter, der versündigt sich zugleich gegen den Allmächtigen, gegen Gott Vater. *Entweder, so du ihm gehorchst, Liebe und Dienst tust, dass er dirs überschwenglich vergelte mit allem Guten, wo du ihn erzürnst, dass er über Dich schicke beide: Tod und Henker.*

Ein Vatermörder, der mordet also nicht nur, sondern – Luther führt es uns donnernd vor Augen – der versündigt sich zugleich am Vater der Väter und dessen Gebot, *dass du mir als deinem Vater gehorsam seiest und ich die Oberhand behalte.* Der Patrizid ist ein Anschlag auf das altangestammte Gefüge der Autorität, auf die bestehende Ordnung, die einen jeden Staat zusammenhält, ein Anschlag auf die Grundfeste der patriarchalischen Welt, auf die zum Willen des Schöpfers erklärte Hierarchie der Geschlechter, die der gottesfürchtige Pädagoge Heinrich Pestalozzi 1780 zum Fundament der christlichen Familie erhob: *Der Genuß deiner Rechte, Hausvater, die wonnevolle Ergebung deines Weibes, und das innige seelerhebende Dankgefühl deiner Kinder, ist Folge deines Glaubens an Gott.*

Hier der Genuss verdienter Privilegien, dort Ergebung und Dankgefühl: Dies schon im Alten Testament verankerte Herrschaftsprinzip gilt es, wenn's Not tut, mit äußerster Sanktionierung zu schützen. Da hatte es seine Folgerichtigkeit, dass der Vatermord im römischen Kaiserreich die einzige Bluttat war, die der Staat juristisch verfolgte und die Bestrafung der Täter – Jens-Uwe Krauses brillante Kriminalgeschichte der Antike beschreibt es – in einem grausigen Folter-Spektakel zelebrierte. Die Delinquenten wurden zusammen mit einigen lebendigen Tieren (bevorzugt hungrigen Hunden und giftigen Schlangen) in einen Sack eingenäht und dann unter dem Gejohle der gaffenden Menge in den Tiber geworfen.

Der Katalog der Sühnemaßnahmen, den die von Johann Georg Krünitz begonnene Monumental-Enzyklopädie im – unfassbar! – 203. Band anno 1850 unter dem Stichwort *Vatermord* dokumentiert, offenbart ein horrendes Spektrum der Racheslust und des Verlangens nach Sühne. Die alten Ägypter haben *einem solchen Menschen* – aber ist der Vatermörder nicht ohnehin eher Bestie? – *alle Glieder mit einem spitzigen Instrumente durchstochen und wenn sie ihn auf diese Weise fast zu Tode gemartet haben, wurde er noch auf einen Haufen Dornen gelegt und verbrannt. [...] In Frankreich werden Vatermörder noch jetzt mit einem schwarzen Schleier zum Richtplatz geführt. In Deutschland bestand, außer dem Handabhauen, mit der die That verübt worden, auch noch das Schleifen zur Richtstätte, indem der Verbrecher rückwärts auf der Schleife mit einer Kuhhaut bedeckt saß und er dann, zur Stelle angekommen, von unten auf gerädert wurde.* Einzig der weise Staatsmann Solon hat es im 6. Jahrhundert vor Christus offensichtlich versäumt, den Patrizid unter Strafe zu stellen, *weil er nicht geglaubt, dass ein Mensch so unnatürlich seyn und eine solche Missethat begehen könne.*

Der junge Philipp Halsmann in seiner Kerkerzelle, der ein gebildeter Mann war, wird um die Dimension des Delikts, dessen er für schuldig befunden war, gewusst haben. Hat das Diktum Bestand, dann ist er für immer erledigt. *Die Anerkennung des Urteils*, schreibt er Ruth, der Freundin mit dem braun gescheitelten Haar, Schülerin von Mary Wigman, der legendären Pionierin des Ausdruckstanzes, am 21. Oktober 1929, *würde meine vollkommene Vernichtung bedeuten und zwar in sozialer Hinsicht und dann, was weit schlimmer ist, in moralischer und überhaupt jeder Beziehung.* Belesen wie er war, wird er auch Schillers *Tell* gekannt haben, die vorletzte Szene, in der ein rätselhafter Mönch auftritt, der von sich sagt, er sei der *unglücklichste der Menschen.* Die Kutte ist dreiste Täuschung. Er wird sein wahres Ich schnell offenbaren.

Johannes Parricida! Allein der Name sagt alles. Parricida, lateinisch, der Vatermörder. Seine Lebensgeschichte ist historisch verbürgt, der Mann mit der Armbrust kennt sie genau. *Ihr seid der Herzog von Österreich – Ihr seid's! Ihr habt den Kaiser erschlagen, Euern Ohm und Herrn.* Johannes, nachgeborener Sohn des Herzogs Rudolf II. von Österreich und der Agnes von Böhmen, war gerade einmal 18, als er am 5. Mai 1308, nein: nicht seinen Vater (der ja bereits tot war), dafür aber seinen Onkel Albrecht I. umbrachte, weil der ihn zurückgesetzt und um das väterliche Erbe gebracht hatte. Für den späten Schiller spielt der kleine Unterschied in der Genealogie keine große Rolle. Er braucht, mag sein aus Furcht vor der Zensur, eine finstere Gegenfigur zum hehren Tyrannenmörder Tell, der lichten Legende. Er braucht, um zu zeigen, dass sein Schauspiel keine Apologie des Mordens ist, einen dramaturgischen Antipol zum heroischen Apfelschießer aus der Innerschweiz. Er braucht die Inkarnation alles Bösen, einen Übeltäter, von dem sich der Bühnenheld schaudernd abwenden kann: *Von dem Blute triefend des Vatermordes und des Kaisermords, wagst du zu treten in mein reines Haus, du wagst's, Dein Antlitz einem guten Menschen zu zeigen und das Gastrecht zu begehren?*

Ich däumele wieder einmal in der abgewetzten Hanser-Werk-Ausgabe, hellblau, drei Bände, die mir mein Vater – ich war elf – in einer nicht ohne Pathos mit einer tintenstift-schriftlichen Widmung überreichte. *Unserem Tilman mit herzlichen Wünschen bei Gelegenheit der Stuttgarter Wilhelm Tell-Aufführung von Mami und Papi. 7.3.66.* Das kam einem Ritterschlag gleich – es war in der Tat eine grandios gefeierte Premiere. Ich lernte: Einer wie Parricida, der hat, kaum im Mannesalter angelangt, schon alles verspielt. Auf einmal, in Tells Hausflur, dämmert es ihm selber auf. Zu spät. *Ein Fürst – ich war's – ich konnte glücklich werden, wenn ich der Wünsche Ungeduld bezwang. Der Neid zernagte mir das Herz.* Nun steht er da vor den Trümmern seines jungen Lebens, der Reichsacht unterworfen, bis ans Ende seiner Tage (und weit darüber hinaus) mit dem Beinamen Parricida gezeichnet, dem Stigma aller Stigmata. Eisern-moralisch ist die Schillersche Botschaft: Johannes – und alle Vatermörder, die ihm noch folgen werden – haben ihre Rechte verwirkt, die sind aus jeder Gemeinschaft verstoßen, Aussätzige, für immer verloren. Der Schänder kann doch selber nicht mehr in den Spiegel schauen. Ekel vor sich selbst, der Eigenhass ist die letzte Konsequenz der ruchlosen Tat. *Darum vermeid ich alle offenen Straßen, an keine Hütte wag ich anzupochen – der Wüste kehr ich meine Schritte zu, mein eignes Schrecknis irr ich durch die Berge, und fahre schaudernd vor mir selbst zurück, zeigt mir ein Bach mein unglückselig Bild.*

Ob es denn gar keinen rettenden Ausweg mehr gibt? Schiller, der Dichter aus schwäbisch-protestantischem Hause, schlägt eine wahrlich verblüffende Volte. Soll er doch gen Rom pilgern, der falsche Ordensbruder in seinem Mönchsgewand. *Dort werft Ihr Euch dem Papst zu Füßen, beichtet ihm Eure Schuld und löset Eure Seele.* Der Weg in die ewige Stadt sei kaum zu verfehlen, nur immer der *Schreckensstraße*, einer Via Dolorosa über die Alpen, nach. *Vor jedem Kreuze fallet hin und büßet mit heißen Reuetränen Eure Schuld.*

Philipp in seinem Kerkerloch hingegen, der sich, wenn er nicht gerade schreibt oder in den Klassikern liest, die Zeit mit Kunststopfen vertreibt, sieht keinen Anlass zu tätiger Buße. Warum auch? Er ist kein Wahlverwandter Parricidas, sieht sich zu Unrecht hinter Gittern – und es gibt viele, die den Beteuerungen des Häftlings glauben, der nach seiner Verurteilung in seiner Verzweiflung einen Selbstmordversuch unternahm, weil er, wie er der Freundin schreibt, nur noch ohnmächtige Wut in sich spürt, *daß man mich, der ich alles versucht habe, um meinem Vater zu helfen, des Vatermordes schuldig sprechen könnte, und man hat es dennoch getan.* Freunde raten ihm ein Gnadengesuch zu stellen. Philipp aber will Gerechtigkeit. Die Revision. Einen Freispruch erster Klasse.

Für die Berufungsverhandlung im September 1929 rüstet sich auch der Staatsanwalt. Der hat zwar noch immer keine schlagenden Beweise, aber beim Aufspüren eines möglichen Motivs darf man nun auf Hilfe hoffen. Die medizinische Professorenschaft der Alma mater zu Innsbruck soll es richten. Nach österreichischem Recht kann die Strafkammer bei komplizierten Fällen ein sogenanntes Fakultätsgutachten anfordern, wenn denn Ärzte als Sachverständige in Betracht kommen. So eine Expertise, konsiliarisch verfasst von den Ordinarien der unterschiedlichsten Fachrichtungen, verspricht geballte Kompetenz und zählt gewöhnlich viel bei den Geschworenen – und auch vor dem Richter. Der Strafverteidiger Franz Pessler ist nicht eben angetan. *Es hat also der Psychiater im Verein mit dem Dermatologen, dem Frauenarzt und dem Zahnarzt zu entscheiden. Philipp Halsmann ist weder Narr noch geschlechtskrank. Noch schwanger. Er hat auch keine schlechten Zähne.*

Die vom Gericht angerufenen Autoritäten werden, was die Herbeibringung eines Tatmotivs angeht, alsbald fündig. Sie besinnen sich auf einen Kollegen, der in der Hauptstadt praktiziert und behauptet, die Abgründe der menschlichen Seele weitgehend enträtselt zu haben. Waren Freuds Theorien nicht geradezu geschaffen, um den Tod des Zahnarztes aus Riga zu klären? Unbeschwert von genauerer Kenntnis machen sich die Innsbrucker Gutachter die neue analytische Begrifflichkeit zu eigen. Es möge ja sein, dass Halsmann nun tatsächlich glaube, den Vater nicht erschlagen zu haben, aber *unter den gegebenen Verhältnissen*, befanden die Gutachter, könne man durchaus annehmen, *daß sich beim Angeklagten gegenüber den Erlebnissen während der Zeitstrecke ein Verdrängungsmechanismus geltend gemacht* habe. Im Klartext: Der Kerl hat seine Bluttat in den Tiefen des Unbewussten versenkt.

Auch das so lang vermisste Motiv lässt nun, der Psychoanalyse sei Dank, nicht mehr lang auf sich warten. Es bedürfe nur einer gewissen Kombinationsgabe. Freuds Entdeckung des Ödipus-Komplexes, vor knapp 20 Jahren, 1910 in der Schrift *Über einen besonderen Typus der Objektwahl beim Mann* erstmals erwähnt, weise die Spur zum Täter: *Es könnte das Vorhandensein eines solchen Komplexes im vorliegenden Falle sehr wohl wahrscheinlich gemacht werden, da sich bei Philipp Halsmann in dem Verhältnis zu seinen Eltern Züge finden, die sich in diesem Sinne deuten ließen.* Auf nähere Begründung wird der Einfachheit halber verzichtet. Eilends ein paar Floskeln unter der Analytiker-Couch hervorgekramt, einige Konjunktive aneinandergereiht: Das muss reichen, damit der Sohn für die nächsten Jahre hinter Schloss und Riegel bleibt.

Und das wird er auch bleiben. Das Gutachten zeigt Wirkung. Wiederum plädieren die Geschworenen auf schuldig. Aber das Strafmaß fällt in der Revision deutlich geringer aus. Vier Jahre Kerker. Für das wohl schaurigste aller Verbrechen! So richtig wohl scheint auch dem Richter nicht bei diesem Urteil. Aber einen Schuldigen muss man der Öffentlichkeit schon präsentieren, die das Schwerverbrechen endlich rechtskräftig gesühnt sehen will.

Philipp hat einen letzten großen Auftritt. Für ihn bedeutet der Schuldspruch ewige Schmach – und eine

Verhöhnung des toten Vaters zugleich. *Wie kann man mich zu vier Jahren verurteilen, wenn ich ein Vatermörder bin. Ich bin unschuldig. Aber wenn man mich für schuldig hält, darf man mich nicht zu vier Jahren verurteilen. Den Vater töten ist das schändlichste Verbrechen. Da reichen vier Jahre nicht.* Dann bricht er weinend zusammen und wird in seine Zelle verbracht – am frühen Nachmittag des 19. Oktober 1929. Alle Bemühungen, das Urteil noch einmal anzufechten, scheitern. Der Fall wird zu den Akten gelegt – und bleibt doch, des Schuldspruchs zum Trotz, bis heute ungeklärt.

Mit Philipp Halsmann wird zugleich die Psychoanalyse in Gewahrsam genommen, als Hilfswissenschaft, die fortan herhalten muss, wenn das Handwerk der Kriminologen versagt. 1930 erhalten die Thesen der Ärzte aus Innsbruck ihre wissenschaftliche Weihung. Das Gutachten wird der gelehrten Welt in den *Beiträgen zur Gerichtlichen Medizin*, bis heute ein Standardwerk, zur Kenntnis gegeben – als bahnbrechendes Beispiel der psychiatrischen Beweisfindung. Und die hat es in sich. Da werden die vergilbten Tagebucheintragungen des pubertierenden Philipp gefleddert, vor Gericht mit großem Igitt und – unter Ausschluss der Öffentlichkeit – *erotische Schriften und Gedichte* zum Vortrag gebracht.

Halsmann, schlussfolgern die Mediziner, leide an *unfruchtbarer Selbstzersetzung und höhnendem Sarkasmus*, was – die Argumentation verschlägt dem Leser den Atem – *in der Art des literarischen Interesses des Angeklagten (Vorliebe für Heine, Morgenstern und Ringelnatz) sich ausspricht*. Daran erkennt man also einen Mörder! Sigmund Freud, der sich, wie auch Thomas Mann, Jakob Wassermann oder Albert Einstein, immer wieder für die Freilassung Halsmanns eingesetzt hatte, ist entgeistert, wie da in Tirol Schindluder getrieben wurde mit seiner Theorie, und meldet öffentlich Protest an. Die dem Verurteilten unterstellte Verdrängung der eigenen Tat, doziert er zornig in der *Neuen Freien Presse* vom 14.12.1930, *eine solche Verdrängung aus heiterem Himmel bei einem Erwachsenen, der keine Anzeichen einer schweren Neurose bietet, [...] wäre doch eine Seltenheit erster Ordnung.*

Auch die Sache mit dem Ödipus-Komplex hat Innsbrucks gutachtende Ärzteschaft wohl gründlich falsch verstanden. Allein dessen Erwähnung in strafrechtlichem Zusammenhang sei, schreibt Freud, *irreführend, zumindest ist sie müßig. Was die Untersuchung an Unstimmigkeiten zwischen Vater und Sohn in der Familie Halsmann aufdeckt, ist durchaus unzureichend, um die Annahme eines schlechten Vaterverhältnisses beim Sohn zu begründen. Wäre es selbst anders, so müßte man nun sagen, von da bis zur Verursachung einer solchen Tat ist ein weiter Weg.*

Sollen sie doch bitte erst einmal Selbstanalyse treiben oder zumindest die einschlägige Fachliteratur studieren! Der Ödipus-Komplex beschreibt, dem großen Sterben auf Sophokles' Bühne zum Trotz, nun einmal in erster Linie – ich folge Laplanches und Pontalis' Standardwerk *Das Vokabular der Psychoanalyse* – die *organisierte Gesamtheit von Liebes- und feindseligen Wünschen, die das Kind seinen Eltern gegenüber empfindet* – und ist keine Psycho-Droge, die einen erwachsenen Mann konsequent in den großen Blutrausch führt. Das hatte Freud in *Totem und Tabu* so nun gewiss nicht gemeint.

Auch ein junger Analytiker in Berlin verlor 1930 die Fassung, als er von der geballten Ignoranz der Fakultäts-Gutachter in der Causa Halsmann erfuhr. *Hätten sich die Sachverständigen nämlich nicht aufs Raten verlegt,* schreibt Erich Fromm in seinem Aufsatz *Ödipus in Innsbruck*, der ihm zu einer grundsätzlichen Abrechnung mit Freuds allzu flotten Deutern gerät, *so hätten sie nicht nur entdeckt, daß der Ödipus-Komplex nichts Anormales ist, sondern auch, daß die unbewußte Feindseligkeit zwischen Vater und Sohn sich in Träumen, neurotischen Symptomen, Charaktereigenschaften ausdrückt, aber nicht im realen Mord zu enden pflegt.*

Und Philipp Halsmann? Der ist nach einer Flut von Protesten am 30. September 1930, als die Hälfte der vierjährigen Kerkerstrafe abgesessen war, vom österreichischen Bundespräsidenten begnadigt worden. Ein später Sieg der Gerechtigkeit? Ein Akt des Erbarmens – allenfalls! Rehabilitiert ist er nicht. Er muss Österreich binnen 24 Stunden verlassen; die Dresdner Hochschule hat ihn lang schon relegiert. Welche Universität duldet schon einen verurteilten Vatermörder in ihren Reihen? An eine akademische Karriere ist nicht mehr zu denken. Was bleibt einem wie ihm, der seine Unschuld immer nur beteuern, doch nie beweisen konnte? Zwei Jahre lang hat sein Name blutrünstige Schlagzeilen gemacht. Die einzige Chance, die sich so einem noch bietet, ist der radikale Bruch: Auswandern in die Fremde, in der Hoffnung, dass ihn dort keiner erkenne, sich niemand seiner Geschichte entsinne.

Nur keine Spuren ins Gestern. In die Brüche geht selbst die innige Beziehung zu Ruth Römer, der solidarischen Freundin, die – um auf Philipps Fall aufmerksam zu machen, um Hilfe zu erbitten – seine Briefe aus der Haft veröffentlicht hatte. Nein, er will alles hinter sich lassen und sucht Zuflucht in der Anonymität der

Millionenmetropole Paris. Dort wird keiner um seine Altlasten wissen. Und doch knüpft das neue Leben an die Schreckensbilder der Vergangenheit an. Wie oft hat ihn die österreichische Justiz mit den letzten Aufnahmen vom Vater gepeinigt, wie er daliegt in der Scheuer einer Alpenhütte, die Augen geschlossen, den Kopf auf einen Holzscheit gebettet. Die so brutal geschlagene Stirnwunde war über all die Jahre eines der erdrückendsten Indizien gegen den Sohn. Jetzt will er selber *mit psychologischer Tiefe und Ehrlichkeit* das menschliche Gesicht erforschen.

Er hängt sein Ingenieurs-Studium an den Nagel und beschließt Photograph zu werden. Binnen kürzester Zeit macht er große Karriere. Erst in Frankreich, dann, ab Ende 1940 in den USA. Im letzten Moment hatte der jüdische Staatsbürger Lettlands, dank der Intervention Einsteins bei Eleanor Roosevelt, ein Visum für die USA erhalten, das ihn vor dem Zugriff der Nazis rettete. In der Szene der Lichtbildner hat er längst einen Namen, den er freilich schnell den amerikanischen Usancen anpasst: aus Halsmann wird Halsman. Die Marke setzt sich schnell durch. Allein für das legendäre Wochenmagazin *Life* wird er über 100 Titelbilder photographieren, ein einsamer Rekord. Über das Drama im Zillertal wird der als Vatermörder Verurteilte bis zu seinem Tod 1979 in der Öffentlichkeit nie wieder ein Wort verlieren. Und kein Journalist der Welt hat Halsmanns Geschichte zu dessen Lebzeiten noch einmal aufgegriffen. Aus Unwissenheit? Aus Rücksicht? Ein Patrizid verjährt nicht, der vernichtet die bürgerliche Reputation für immer.

Er selber freilich, dem seine Freunde, zu denen etwa Salvador Dali gehörte, einen hintergründigen Humor nachsagten, schien mit seinen Fotos gelegentlich kleine, listig verpackte Hinweise auf das Trauma seines Lebens zu geben, auf den Tag in den fernen Alpen, als der Vater in die Tiefe stürzte. Wer auch immer sich von ihm portraitieren ließ – Prominente unterschiedlichster Couleur, Marylin Monroe, Robert Oppenheimer, der Vater der Atombombe, Grace Kelly, das Herzogspaar von Windsor und sogar Richard Nixon: Sie alle hatten während des Shootings auf Halsmans Geheiß bis zu hundert Luftsprünge zu vollziehen, die der in einer Serie versammelte, die ihn weltberühmt machen sollte: *Jumping Pictures.* Fliegende Menschen mit wehendem Haupthaar, scheinbar in schwindelnden Höhen. Tausendfach hat er die Szene nachgestellt, als wolle er, seltsam getrieben, ein ums andere Mal den Moment festhalten, mehr noch: studieren, der am 10. September 1928 sein Leben für immer verändern sollte: den Absturz. Im Sekundenbruchteil vor dem freien Fall nach unten drückt der Photograph auf den Auslöser. Die besten Aufnahmen hat er dann 1959 in seinem *Jump Book* vereint. Die Widmung liest sich wie eine letzte, sarkastische Reminiszenz: *To my subjects who defied gravity.* Für alle, die – anders als einst der Vater – einen Moment den Boden unter den Füßen verloren, die lästige Schwerkraft ohne Folgen für Leib und Leben bezwangen.

Wer jetzt kein Recht hat das bist du
Wer da der letzte ist das bist du
Der Knecht das bist du
Der Sohn das bist du.

Arnolt Bronnen, »Vatermord«, Schauspiel, 1915

III. Ein Denkverbot fällt

Die Intendanz des Düsseldorfer Schauspielhauses ist begeistert. Aus dem Schauspiel des ungebührlichen Wilden, 1890 geboren in der Karlsstadt Aachen, sprudelt der Protest einer ganzen Generation. Das hat Kraft. Das macht Skandal. Das wird die Ränge füllen – und hatte, obwohl *warm zur Aufführung empfohlen*, noch anno 1916, drei Jahre nach seiner Entstehung, doch keine Chance. *Wenn wir uns trotzdem zu einer Annahme nicht entschlossen haben und dies wohl auch in absehbarer Zeit nicht zustande kommen dürfte, so sprechen Widerstände äusserer und innerer Art mit, die zu ändern nicht in unserer Macht liegt, so ausserordentlich gern wir das auch täten.* Im Klartext: Des Kaisers Zensoren lassen das Drama nicht passieren. Das ist ein Affront gegen die guten Sitten, eine Gefahr für die deutsche Jugend zumal.

Was hat der 26jährige verbrochen? Wie konnte es dem Dichter-Debütanten gelingen, den Argwohn der wilhelminischen Schnüffler auf sich zu ziehen? War der Mann Demokrat, Anarchist, ein Friedenskämpfer mitten im Krieg? Weit schlimmer! Walter Hasenclever hat mit expressionistischer Wucht einen Fünfakter über den Vater verfasst, nicht nur über den eigenen, sondern über den Vater an sich und über die heillose Wut des so lang zum Mündel gemachten Sprosses. *Ich sehe in deinen Augen die Miene des Schaffotts.* Das starke Stück vom blutrünstigen Erwachen heißt, nur folgerichtig: *Der Sohn.* Der – und erst recht sein Erzeuger – sind keine Individuen mehr, sondern einzig Charaktermasken in einer hasserfüllten und höchst paradigmatischen Schlacht der Generationen. Der selbsterhobene Anspruch ist nicht eben bescheiden: *Dieses Drama ist Menschwerdung* und verfolge *den Zweck, die Welt zu verändern;* die Stimme des Dichters, schwärmt der junge Stückeschreiber, sei *ein Kampfruf der Jugend gegen das Alter.*

Im expressionistischen Jahrzehnt stürmt und drängt es, so wie seit Schillers *Räubern* nicht mehr. Hasenclevers Bühnensohn *will in die Ungeheuerlichkeit der Erde eintreten.* Nie wieder Prügel mit der Hundepeitsche, nie wieder den Kotau vor dem *väterlichen Gespenst.* Wie lang hat er sich nach einem humanen, verständigen Vater gesehnt. Vergeblich. Jetzt wandelt sich der Sohn, wie Britta Herrmann in ihrer klugen Analyse schreibt, *vom Vatersucher zum Vatermörder.* Er ist die Enttäuschungen leid. *Ja, Vater, du bist mir gestorben. Dein Name zer-*

rann. Ich kenne Dich nicht mehr. Du lebst nur noch im Gebot. Du hast nur noch Platz auf dem Totenacker.

Da ist reichlich autobiographisches Trauma im Spiel, da macht sich viel lang aufgestaute Wut auf den Erzeuger Luft, auf den Despoten daheim, der seinen Ältesten vor dem Spiegel auszupeitschen pflegte, auf den Mann – so ein Vertrauter der Familie Hasenclever – *mit krankhaftem Eigensinn und einem fanatischen Haß gegen alles Moderne in Kunst und Wissenschaft erfüllt […] dabei pedantisch streng und rücksichtslos; bewusste Unterdrückung jeder Eigenart in dem Sohn, bewusste Demütigung des Sohnes bei jeder Gelegenheit.* Nicht einmal das Theater durfte der Junior besuchen. Die Parallelen zwischen dem Drama auf der Bühne und den Dramen, die der junge Walter in seinem Elternhaus zu ertragen hatte, sind unübersehbar. Wie der Altvordere im Schauspiel, dieser *fürchterliche Feind,* ist auch der leibhaftige Vater Carl Georg, Arzt von Beruf, Doktor med., preußischer Sanitätsrat – ein abgründig gespaltener Charakter, *der seine Patienten wie ein Engel, seine Kinder aber wie ein Wachtmeister* behandelt hat.

Väter, das ist die Botschaft, kennen kein Mitleid für ihre Söhne. Das Schauspiel lässt uns teilhaben an einem verhängnisvollen Reigen. *Der Vater – ist das Schicksal für den Sohn*, sagt der Sohn zum Hauslehrer, *wenn Sie selber einmal Vater sind, werden Sie genauso wie er.* Er wusste, wovon er sprach. Er kannte die fatale Beziehung der Generationen keineswegs nur aus der Perspektive des geschundenen Sprosses. Erschütternd liest sich die in Bert Kasties Biographie dokumentierte Geschichte von der *ungewollten Vaterschaft* des Studenten Walter Hasenclever, der 1910 eine Faschings-Bekanntschaft, die in München lebende Friseuse Josefine Klotz, geschwängert hatte. Die Briefe des damals 20jährigen an die werdende Mutter sind von eisiger Kälte. Er windet sich, er will sich aus der Verantwortung stehlen, er will die Verbindung geräuschlos beenden. *Ich bin durch die letzten Schreibereien und auch durch andere Sachen so nervös und überreizt geworden, dass ich mich dringend schonen muss*, schreibt er, als die Schwangerschaft Gewissheit ist, *ich muss Dich also ebenso dringend und entschieden bitten, Deine Briefe an mich vollkommen einzuschränken, was ja schon von selber notwendig wird, da ich in den nächsten Wochen nach Hause fahre, wohin ein Schreiben Deinerseits viel zu sehr auffallen würde.*

Die Korrespondenz ist schaurig – und aufschlussreich zugleich. Im Sommer 1910, da hat er gerade mit ersten Gedichten von sich reden gemacht, sitzt die Angst vor dem Vater noch tief. Hat der seinem Stammhalter nicht immer Disziplin und Sittenstrenge eingehämmert, die süßen Laster verdammt? Und nun das! Der alte Herr wird's als persönlichen Affront verstehen und entsprechend reagieren, ihn am Ende gar enterben. *Meine Verwandten dürfen nichts von der ganzen Sache erfahren, es würde etwas Furchtbares geschehen.* Er ist nach damals geltendem Gesetz mit Zwanzig ja noch minderjährig. Ihm fehlt das eine entscheidende Jahr.

Natürlich, versichert der junge Dichter, er werde zu seiner materiellen Verantwortung stehen und für das Kind sorgen, *aber nur gegen eine völlige Verschwiegenheit Deinerseits […]. Ich verlange von Dir, dass Du niemals meinen Namen angibst, bei der Polizei nicht und auch sonst nicht.* Unverhohlen droht er der armen Friseuse. Komme dem tyrannischen Papa auch nur *das Geringste zu Ohren, was mir mein Leben oder meine Zukunft verderben würde, so erschiesse ich mich sofort und unwiderruflich. Ich hänge nicht am Leben. Ich muss mich erschiessen. Und dass ich es auch tue, das steht ebenso sicher fest. Wenn Du also nicht zur Mörderin werden willst …* Das will die gute Frau natürlich nicht, Schuld auf sich laden am Selbstmord eines Vaters wider Willen, Schuld am Tod eines Dichters. Sie gibt Ruhe. Marquard Klotz, am 16. Februar 1911 in Neuburg an der Donau geboren, wird den, der ihn zeugte, niemals sehen.

All das ist Subtext des Hasencleverschen Dramas, dessen Autor – radikal wie kaum ein anderer zuvor – gewagt hatte, gegen die Macht der Väter zu rebellieren, und zur Gegenwehr, zur Selbstjustiz schritt, auf der Bühne. *Du bist alt, du wirst mich nicht mehr zertreten in eifernder Selbstigkeit.* Schluss mit der Lutherschen Unterwürfigkeit, nie wieder gehorchen und dienen! Nie wieder das *kleine Opfertier* sein. Da wird mit rebellischem Pathos der Aufbruch in die bessere Zukunft beschworen, der Sturz der bürgerlich-christlichen Familie.

Heute singen wir die Marseillaise! Noch kann jeder Vater ungestraft seinen Sohn hungern und schuften lassen und ihn hindern, große Werke zu vollenden. […] Wir wollen predigen gegen das vierte Gebot. Und die Thesen gegen den Götzendienst müssen abermals an der Schlosskirche zu Wittenberg angenagelt werden! Wir brauchen eine Verfassung, einen Schutz gegen Prügel, die uns zur Ehrfurcht unter unsere Peiniger zwingt.

Aber das wird dauern, bis der Staat sich aus freien Stücken bewegt. Also selber die Hand angelegt. Wer mit seinem Vater ins Reine kommen will, sollte ihn besser umbringen. Der wird sonst den ersehnten Weg in die Freiheit für immer blockieren. *Du brauchst keinen Christus am Kreuz. Töte, was dich getötet hat.* Macht kaputt, was Euch kaputt macht.

Dieser in der Tat höchst eigene Versuch der Mobilmachung zielte aufs Herz der wilhelminischen Gesellschaft, auf den allseits so dröhnend beschworenen Grundkonsens in den kriegstaumelnden Jahren nach 1914, als Hasenclever sein Drama, mit tätiger Unterstützung des Verlegers Kurt Wolff, auf die Bühne zu bringen versuchte. Der Patrizid als Lebensziel? Unfassbar! Ein Sakrileg, auch in politischer Hinsicht: Die Feinde, das waren die Engländer, Franzosen, beinah die ganze Welt, gegen die deutsche Männer mit geschultertem Gewehr und lautem Hurra in den Krieg zogen, Väter und Söhne, Adelsleute, Bürger und Sozis im patriotischen Wir-Gefühl vereint.

Stefan Zweig hat den kollektiven Rausch in seiner *Welt von gestern* beschrieben. *Der kleine Postbeamte, der sonst von früh bis nachts Briefe sortierte, immer wieder sortierte, der Schreiber, der Schuster hatte plötzlich eine andere, eine romantische Möglichkeit in seinem Leben: Er konnte Held werden und jeden, der eine Uniform trug, feierten schon die Frauen, grüßten ehrfürchtig die Zurückbleibenden im voraus mit diesem romantischen Namen.* Gestorben wurde, wenn schon, gefälligst auf dem Felde der Ehre, und nicht, wie im Schlussakt des räsonierenden Jungdichters aus Aachen, in der Monotonie des väterlichen Sprechzimmers.

Da war es nur konsequent, dass eine Aufführung der expressionistischen Generalabrechnung – allenfalls, wie im Oktober 1916 am Schauspielhaus Dresden geschehen – in einer Privat-Soiree vor geladenen Gästen, also im geschlossenen Kreis riskiert werden konnte und erst nach dem Fall der Zensur im November 1918 zum Klassiker avancierte.[2] So darf man nicht mit den Alten umspringen. Das ist Denkmalschändung, die Untergrabung aller Autorität. Hasenclevers Bühnenvater taugt nicht einmal zur Karikatur eines teutonischen Helden. Der fällt ja schon, noch bevor die Schlacht beginnt, die der Sohn – er ist kein Überflieger – mit pathetischen Worthülsen eröffnet. *Ja, ich habe die Revolution begonnen, inmitten der Folterkammer, wo ich stehe – und bald wird mein Name über Leitartikeln stehen. Jetzt kämpft ein Volk von Söhnen, wenn Du längst in*

[2] Bei der Unterdrückung des Hasencleverschen Dramas in der Kaiser- und Kriegszeit gab es eine Ausnahme. Im Januar 1918 wurde »Der Sohn« in einer triumphal gefeierten Inszenierung am Mannheimer Hoftheater aufgeführt. Das war möglich, weil die Zensur in der Rhein-Neckar-Stadt ein wenig anders funktionierte als im übrigen Deutschland. Hier oblag die Prüfung der Stücke keinem Beamten, sondern einem Vertrauensmann der Bürgerschaft, der nicht selten badische Liberalität bewies.

Staub zerfallen bist. Dann aber macht der Spross ernst und zückt den Revolver.

Und was tut der Vater, der ein Leben lang so übermächtig schien? Wird er sich wehren, haut er zumindest ein letztes Mal auf den Putz? Ach was! Der sackt wie ein Schwimmtier, dem die Luft entweicht, in sich zusammen, noch bevor der Sohn überhaupt abdrücken kann: *Die Augen verdrehen sich und werden starr. Er bäumt sich kurz auf, dann stürzt das Gewicht langsam über den Stuhl zu Boden. Der Schlag hat ihn gerührt.* Ein lächerlich-banales Vaterende, das im Juni 1918 gar mit Abscheu im Berliner Reichstag zitiert wurde.

Doch es sollte noch schlimmer kommen. Hasenclevers *Sohn* war nur der Auftakt. Allerorten, resümiert Peter von Matt in seiner wahrlich hinreißenden Geschichte der literarischen Familiendesaster, sieht sich *die Phalanx der eisernen Väter* eingekesselt von einer Armee der Söhne, die sich als *morgenrote Welterlöser* begreifen.

Der Patrizid, der – noch einmal Peter von Matt! – *Gerichtstag des Sohnes über den missratenen Vater*, der Traum vom Tyrannenmord in den eigenen vier Wänden, hatte literarische Hochkonjunktur in diesen Jahren des Umbruchs, wobei die Schreibtischtäter gelegentlich heftig miteinander konkurrierten, wer denn den

Herrn Papa am kunstvollsten erlege. Er wolle, teilt ein ins Rampenlicht drängender Dichter 1919 seinem Verleger mit, *um Gotteswillen keinen Tendenzerfolg haben á la »Sohn« von Freund Hasenclever*, keine halbherzige Schein-Exekution, bei der nicht einmal Theaterblut fließt: Nein, Franz Werfel geht es um die hohe Kunst des Vatertötens. Seine Novelle *Nicht der Mörder, der Ermordete ist schuldig* zielt auf die Psychologie der Tat, auf die zeitgerechte Interpretation des Ödipus-Mythos, *diese wahre Fundgrube der Metaphysik des Menschen*.

Vor allem aber weiß auch er, der Weggefährte des schillernden, sein Leben lang dem Abgrund so nahen Psychoanalytikers Otto Gross, um Freuds Explorationen des Ödipus-Komplexes, als er die kakanische Geschichte des Kadettenschülers und späteren Leutnants Karl Johann erzählt, den *Wut und Ohnmacht würgen*, sobald er auch nur an seinen Vater denkt, *diese recht steifbeinige Existenz* namens Karl Duschek von Sporentritt, Feldmarschall des österreichisch-ungarischen Kaisers. Dieser Kriegsnarr bis auf die Knochen – genau besehen: eine triste Kasernen-Existenz – ist Herrenmensch und Untertan zugleich. Einer, der seinen Sohn mit der Reitpeitsche kujoniert, einer, von denen es Zigtausende gibt in der Epoche, in der Werfels Novelle angesiedelt ist: im Österreich von 1900 bis kurz nach dem

Ausbruch des Ersten Weltkriegs, die Zeit des unweigerlichen Niedergangs, die Zeit der verblühten Größe, der Helden, die auf ihre Ablösung warten. Die handgreifliche Aufarbeitung des allgegenwärtigen Komplexes scheint Aufgabe einer ganzen Generation. *Jeder Vater ist Laios, Erzeuger des Ödipus, jeder Vater hat seinen Sohn in ödes Gebirge ausgesetzt, aus Angst, dieser könnte ihn um seine Herrschaft bringen.*

Und die Söhne? Die haben, erkennt der arme Karl Johann Duschek, auch keine Wahl, die sind getrieben, es dem thebanischen König gleichzutun, der einst seinen Vater an einer Wegverzweigung erschlug. Es ist ein ewiger Kreislauf, aus dem es in der Antike wie in der Gegenwart kein Entrinnen gibt; die Abkömmlinge sehen sich dazu verdammt, einem Naturgesetz zu folgen. *Jeder Sohn aber tötet mit Ödipus den Laios, seinen Vater, unwissend und wissend den fremden Greis, der ihm den Weg vertritt.*

… der fremde Greis, die Barrikade aus morschen Knochen, die endlich geräumt, fortgeschafft werden muss, damit die Welt nicht erstickt! Nur: Wenn jeder Knabe, ja selbst junge Männer wirklich so fühlen, fragt Werfel, fragt der erniedrigte Duschek junior – *zertreten, besiegt, wie immer!* – in einer wild monologisierenden Suada über den Patrizid, wenn dem so ist, *warum bringen nicht mehr Söhne ihre Väter um, warum ist im Rechtsbewußtsein der Vatermord seit je der scheußlichste geblieben?* Der Autor kennt die Antwort, er hat seinen Freud studiert. Die Bluttat hat viele Facetten und wird vollzogen, *auf tausend Arten, in Wünschen, in Träumen und selbst in Augenblicken, wo sie für das väterliche Leben zu zittern glauben.*

Vatermord, das ist, auch in Werfels Novelle, der phantasierte, im Geheimen so oft ersehnte Rausch von Blut und Gewalt. *Ich drosselte mit meinen Händen wollüstig einen kalten Hals. Es war die Laterne.* Der Alte verfolgt den Sohn bis in den Schlaf. Nacht für Nacht erwacht er, *von Schluchzen durchschüttelt.* Die Bilder waren so grausam, so schön. *Er liegt nun da und ich erhebe mich. Furchtbare Wonne durchströmt mich. Versöhnung! Versöhnung!* Nur wenn der Peiniger tot ist, lässt sich mit ihm Frieden schließen. Wie gern würde der junge Duschek nachhelfen! Eines Abends nimmt er – mittlerweile 25 – seinen ganzen Mut zusammen, schleicht in die väterliche Residenz, in der er seit Jahren nicht war, versteckt sich unterm Billardtisch. Gleich muss er kommen. Der Filius findet seine alte Hantel aus Jugendtagen. Das ist die Waffe, die wird es richten. *Es ist besiegelt.* Er schwelgt schon im Gefühl der großen, unbändigen Freiheit, die anbricht, wenn *ich's vollbracht haben* werde.

Der Vater kehrt spät vom Dienst im Korpskommando zurück, dieser Schaltzentrale der alten, verhassten Ordnung. *Angstgepeitscht liefen Unteroffiziere auf und ab, eilten durch die langen Korridore, klopften an mächtige Türen mit devoten Fingern.* Jetzt wird Exzellenz, nicht minder untertänig, von seinem Burschen erwartet. Der Sohn in seinem Versteck wird Zeuge einer mitleidserregenden Szene. Was ist aus dem einst *Unnahbaren, Souveränen, dem Drübersteher* geworden? Eine klapprig wandelnde Uniform, an der ein paar Orden baumeln; ein kleines Häuflein Elend, das nach Pastillen und der allabendlichen Wärmflasche verlangt. Der nicht einmal 60jährige, den Insignien seiner Macht entledigt, schleppt sich ins Bett und dreht das elektrische Licht aus. Nun scheint er gekommen, der so lang herbei geträumte Moment der blutigen Emanzipation, der Rache für all die kleinen, seit der Kindheit notgedrungen erduldeten Hinrichtungen. *Meine Rechte hielt die Hantel fest umfaßt. Ich zählte bis drei, gewillt beim Dritten das Zeichen zum Weltuntergang zu geben.*

Zum Weltuntergang! Drunter macht's Karl Johann nicht mehr. Irgendeinen höheren Sinn muss die Tat doch haben. Spätestens hier wird die Szene absurd, wird das Pathos hohl und unfreiwillig komisch. Ein paar ermeuchelte Väter – und schon kollabiert die Herrschaft des Patriarchats, das goldene Zeitalter beginnt? Das müssen starke Männer gewesen sein. Oder werden die Väter, derer sich ihre Sprösslinge entledigen wollen, ein letztes Mal als Teufelskerle verklärt? Als übermächtige Heilsbringer, die über die Jahre zu Unterdrückern wurden – und darum nun vom Sockel zu holen sind.

Die bei allem Zorn letztlich recht naive Revolte der Sprösslinge reicht kaum über den Nabel der eigenen Familie heraus und bleibt eigentümlich privatistisch. *Ihre ganze Identität hängt am Kampf gegen die Väter*, spottet der Philosoph Dieter Thomä über die expressionistischen Propagandisten des Patrizids: *Wenn es mit dem väterlichen Feind ein Ende hat, wissen sie gar nicht mehr, was sie mit sich selbst anfangen sollen. Eigentlich sterben diese Söhne genau in dem selben Moment wie ihre Väter, selbst wenn sie hinterher scheinbar weiterleben. Aber sie sind eben Söhne – und sonst nichts und deshalb fällt die Bestimmung ihres Lebens weg, wenn der Vater wegfällt.*

In diesem Lichte besehen, erscheint die Ermordung der Alten nicht eben produktiv. Patrizid macht einsam – und wirkt irgendwie peinlich, jedenfalls dann wenn die auf Totschlag versessenen Söhne, wie Hasenclevers oder Werfels Helden, längst den Stimmbruch hinter sich gelassen haben. Ewige Pubertät ist eine Plage.

Vor allem: Die Theorie von der Erlösung, von der

erträumten Überwindung der Herrschaft durch Mord, setzt die reale Stärke der zur Beseitigung vorgesehenen Väter voraus, eine nicht nur gemutmaßte, einzig durch Strafen und Schläge, durch Manöver der Einschüchterung suggerierte Macht der Patriarchen daheim. Was würde es nutzen, einen Zwerg vom Podest zu stoßen, die Riesen indes, die wirklich das Sagen haben, auf dem Sockel zu belassen. Eben dies dämmert auch Werfels Karl Johann, als er sich, kaum ist das Licht im väterlichen Schlafzimmer erloschen, anschickt, den alten Herrn ins Jenseits zu befördern. Endlich *ins Reine kommen*!

Nach wiederholten, fast flehentlichen Rufen des alten Herrn gibt sich der Eindringling zu erkennen und hebt drohend die Hantel. *Wer aber trat mir entgegen? – Die Füße in schlurfenden Pantoffeln, einen langen, grauen Schlafrock umgehängt, weiße Haare zerzaust, der Schnurrbart hinabstechend, schwere Tränensäcke unter kleinen sterbenserschrockenen Augen […] der alte Mensch – war mein Vater.* Die Entzauberung des Mythos vollzieht sich binnen Sekunden. Vom Duschekschen Schreckensregiments bleibt am Ende nur ein nackter Jammergreis, der nicht einmal seinen Schlafrock halten kann. *Wo war der General? Wo der rasselnde Feld- und Weltherr?*

Wen will er jetzt noch erschlagen? Dies welke Stück Fleisch? Der Vater, der hassenswert schien, war ein Gebieter, ein Tyrann, den es zu morden galt. Der, der nun keuchend vor seinem Sohn auf die Knie geht, der winselt nur noch. *Tu es schnell!* Auf einmal bricht das ganze Feindbild zusammen. Der Anblick ist unerträglich. *Das hatte ich nicht gewollt, daß dieser Vater vor mir kniet. Er soll es nicht tun. Keiner! Ist das Papa? Ich weiß es nicht. Aber ich werde diesen Kranken nicht töten.* Am Ende des Putsches steht fast schon zärtliches Mitleid. *Geh schlafen!* Er ist die Hantel nicht wert.

Die Weltordnung wollte er stürzen, die Paläste erstürmen – und scheitert schon im Siechenhaus. Er hat sich getäuscht. Genau besehen ist der Herr Papa ein Popanz. Und war es vermutlich schon immer. Und den hat er gefürchtet? Der Mythos vom Übervater entpuppt sich als ein grandioser Selbstbetrug. Der Patrizid findet nicht statt. Zurück bleibt ein gewaltiger Kater. Duschek junior gibt auf, verlässt die alte Welt – und reist mit dem Dampfer nach Amerika, um dort ein Leben ohne väterlichen Schatten zu finden.

Einmal mehr, wie schon bei Hasenclever, kann sich das Opfer der zugedachten Strafe entziehen. Der Patrizid findet nicht statt. Er macht keinen Sinn – und bleibt doch, unter Feingeistern zumindest, ewig süße Verheißung. Entsteht Kultur ohne donnernden Bruch mit den Alten, ohne ein wenig Tötungsverlangen zumindest? Die wütende Sehnsucht der Expressionisten jedenfalls lodert weiter bis in unsere Tage.

Selbst die ehrwürdig liberale *Zeit* hatte sichtlich Vergnügen, Ende Januar 2010 einen flammenden *Aufruf zum Vatermord* ins Blatt zu heben, eine Sohnes-Anstiftung im Feuilleton, nun endlich gegen die Alten tätlich zu werden: *Sind sie zu stark, bist Du zu schwach: Junge Künstler, Literaten und Schauspieler bewundern die Alten zu viel und kämpfen zu wenig.* Autor des martialischen Traktats war Florian Illies, der maliziös genaue Porträtist der *Generation Golf*. Was haben die APO-Rebellen von einst da nur in die Welt gesetzt: auf frühspießernde Harmonie versessene Kinder, eine *Generation ohne Generationenkonflikt!* Das müsse nun anders werden. Wann endlich – ruft Illies, spürbar enttäuscht, seinen trägen Altersgenossen zu – bringt Ihr das *warme, diffuse Konsenslicht* zum Erlöschen?

Nostalgisch grast der *Zeit*-Autor die deutsche Kulturlandschaft ab. Nirgends Futter. Nirgends Revolte, nicht einmal auf der Bühne. Nirgends ein zumindest *ästhetischer Vatermord*, wie ihn einst Zadek oder Peter Stein am alten Gründgens-Theater verübten. Was nur ist aus den umstürzlerischen Idealen geworden? *Hun-*

dert Jahre nach Sigmunds Freuds »Totem und Tabu« scheint eine kulturelle Grundkonstante in Vergessenheit geraten zu sein: dass nämlich die Kulturgeschichte mit der Ermordung des tyrannischen Vaters durch die Söhne ihren Anfang nimmt.

Illies zitiert in seinem Bestseller über die Golf-Generation eine aufschlussreiche Werbekampagne aus der Wolfsburger VW-Zentrale. *Ich wollte alles anders machen als mein alter Herr. Und nun fahren wir das gleiche Auto.* Könnten die kreuzbraven Youngsters nicht wenigstens der amtierenden Kanzlerin folgen? Die hat bekanntlich ihren politischen Mentor Helmut Kohl daeinst nicht eben herzenswarm im Spendensumpf versinken lassen. Der Vatermord, so die Journalisten Daiber und Skuppin in ihrem Versuch über einen politischen Erfolg ohne Beispiel, sei ein zentrales Moment der *Merkel-Strategie.* Die Pastorentochter aus der Uckermark wusste genau, dass sie erst den pfälzischen Sitzriesen, dies an der eigenen Bedeutung erstickende Monument der deutschen Einheit, beiseite räumen musste, bevor der Weg an die Macht frei war für sie. Und daraus hat sie wenig Hehl gemacht. Der Dolchstoß vollzog sich nicht einmal klammheimlich, sondern vor der geneigten Leserschaft der FAZ. Ihre Partei müsse sich zutrauen, schrieb sie dort zwei Tage vor Heiligabend 1999, *in Zukunft auch ohne ihr altes Schlachtross, wie Helmut Kohl sich gerne genannt hat, den Kampf mit dem politischen Gegner aufzunehmen. Sie muss sich wie jemand in der Pubertät von zu Hause lösen.* Also munter zur Tat geschritten! Auch Töchter haben ihren Ödipus-Komplex zu überwinden. Freud trifft uns alle.

Mit einer kleinen Randbemerkung, kaum mehr als eine Fußnote in einem gerade einmal neunseitigen Fachaufsatz, hatte das Drama im Frühjahr 1910 seinen Lauf genommen. Eigentlich hat der Autor doch nur *einen besonderen Typus der männlichen Objektwahl* psychoanalytisch deuten wollen, einen auffälligen Charakter, dessen libidinöse Grundstruktur ein wenig von der Norm abweiche, obgleich *man ähnliches Verhalten auch bei durchschnittlich Gesunden oder selbst bei hervorragenden Menschen beobachtet oder erfahren hat.* Kurzum, Doktor Freud sann über ein altes, tabuumranktes Thema, über die Abgründe der männlichen Begierden: hier die Mama, dort die Hure. Hier die Stilisierung *von unantastbarer sittlicher Reinheit*, dort die bitter-süße Erfahrung, *daß das keusche und unverdächtige Weib niemals den Reiz ausübt, der es zum Liebesobjekt erhebt, sondern nur das irgendwie sexuell anrüchige, an dessen Treue und Verläßlichkeit ein Zweifel gestattet ist.* Das ewige Dilemma!

Der Seelenforscher berichtet aus der Praxis. Schon der heranreifende Knabe, so schreibt er, empfinde gelegentlich *eine Mischung aus Sehnsucht und Grausen*, sobald er Kenntnis habe *von der Existenz gewisser Frauen, die den geschlechtlichen Akt erwerbsmäßig ausüben.* Der von *Dirnenliebe* getriebene Sohn kommt ins Grübeln, ob denn seine Eltern nicht von einem ähnlich dunklen Verlangen heimgesucht würden, ob sie wirklich *eine Ausnahme sind von den häßlichen Normen der Geschlechtsbetätigung.* Immer drängender werden die Zweifel. Der Filius fürchtet, *daß der Unterschied zwischen der Mutter und der Hure doch nicht so groß sei, daß sie im Grunde das nämliche tun.*

Und dann endlich ist es soweit. Nur noch ein paar Zeilen – dann wird Freud den Terminus erstmalig in einer Druckschrift fixieren, die das Verständnis der Tiefen unserer Existenz revolutionieren sollte. Der Sohn, so lesen wir nun, erinnert sich seiner *frühinfantilen Eindrücke und Wünsche. […] Er beginnt die Mutter selbst in dem neugewonnenen Sinne zu begehren und den Vater als Nebenbuhler von neuem zu hassen; er gerät, wie wir sagen, unter die Herrschaft des Ödipus-Komplexes.* Der Ödipus-Komplex, der Komplex aller Komplexe, dessen Überwindung, wird der Begründer der Psychoanalyse später einmal postulieren, *jedem Neuankömmling zur*

Aufgabe gestellt sei, das Allerheiligste in der Lehre über das Unbewusste. Das *Schibboleth,* das biblische Erkennungszeichen, im *Buch Richter* beschworen, das in den Augen Freuds *die Anhänger der Psychoanaloyse von ihren Gegnern scheidet.*

Vatermord: Jetzt ist der Begriff in der Welt! Und nichts mehr wird sein, wie es war. Die Söhne stehen fortan unter Generalverdacht, unter verschärfter Beobachtung zumindest. Lauter Rivalentöter, Mutterbeschläfer – jedenfalls in der Phantasie. Nichts anderes jedenfalls als diese latenten Sehnsüchte hatte Freud beschrieben, einen recht alltäglichen *Familienroman.* Aber mit der Theorie, ihrer lebhaften öffentlichen Diskussion, war ein Denkverbot gefallen – und eben dies machte sich wenige Jahre später, noch weit radikaler als Hasenclever und Werfel, ein aufbegehrender Jungdichter aus Wien zu Nutze und begann 1915 das Drama seines Lebens, das *den Oedipuskomplex von Vaterhaß und Begehren der Mutter*, wie Hans Mayer attestierte, geradezu *schulmäßig durchexerziert.*

Der Titel des höchst aktionsreichen Schauspiels ist Programm. *Vatermord*: Das Werk eines 18jährigen: Arnolt Bronnen, ein Wahlverwandter des vom Jugendfreund Brecht besungenen Baal, dem verfressenen, genialisch-kraftmeiernden Dichter des Lasters. Die patriarchalische Ordnung erscheint dem Adoptivsohn eines jüdischen Gymnasialprofessors wie eine einzige Fessel. Und Fessel, Ignaz Fessel, heißt, folgerichtig, auch der dumpf autoritäre Bühnenvater, ein Spießer durch und durch, ein gescheiterter Zwangscharakter, der *das impotente Zeitalter vertritt.*

Er ist jeden Sonntag betrunken, um das eigene Elend zu vergessen. Dann randaliert er, plustert und pumpt sich vor den Seinen auf. *Ich kann tun was ich will. Ich ein Gemeinderatsbewerber. Überhaupt keine Kritik an mir.* Die Frau und die Kinder haben kaum Luft zum Atmen, Walter, der Erstgeborene, schon gar nicht. *Nur tot lass ich meinen Sohn aus den Händen!* Der will aufs Land und Bauer werden. Aber der Vater gewährt keinen Freigang aus den heimischen Kerkermauern. *Nie läßt er mich heraus, bis ich ihn erschlag.* Der Sohn sieht nur die eine Wahl: Er oder ich! *Er ist mein Vater, er ist kein Mensch. […] Er schaut und ich bin ihm preisgegeben. Er denkt und ich bin ihm geopfert. Er spricht und ich bin vergiftet.*

Der Showdown vollzieht sich in gerade einmal dreieinhalb Stunden, *von ½ 6 bis nach 9 Uhr abends, an einem bewölkten mondscheinigen Abend März oder Anfang April.* In der knappen Zeitspanne bis zum blutigen Schlussakkord wird noch einmal kräftig zugelangt. *Wir sind nicht gleich zu gleich*, dröhnt der Alte, schimpft seinen Sohn einen Köter – und traktiert ihn auch so. *Zum Krüppel mach ich Dich.* Dann, so die Regieanweisung (sie stammte von Brecht), rammt der besoffene Ignaz dem Spross, der nicht parieren will, ein Bügeleisen in den Bauch. Der Sohn schlägt zurück. Er weiß, dass er lang schon stärker ist – und das will er jetzt nutzen.

Aber da der Ödipus-Komplex nun einmal nicht nur den Hass auf den Vater, sondern kaum minder die Liebe zur Mutter festschreibt, werden wir auch Zeuge eines verbotenen Verlangens. Die Dialoge nehmen sich aus, als seien sie dem klinischen Lehrbuch entnommen, nur fallen sie ein wenig hemmungsloser und direkter aus. Mutter Luise scheinen die Triebe ihres Ältesten wenig zu schrecken. Ganz im Gegenteil. Was schon wiegt ein kleiner Bruch des Inzesttabus angesichts des alltäglichen Horrors am heimischen Herd.

Walter: *Ich wollt du schläfst bei mir*
Frau Fessel: *Ich auch*
Walter: *Was das für eine Nacht sein wird*
Frau Fessel: *Ja*
Walter: *Dann hab ich ihn ermordet*
Frau Fessel: *Dann gibts auch keine Mutter mehr. Nur Sünden*

Dann – aber eben erst dann! – wird die Zukunft anbrechen, die wohlig-schmachtende Freiheit. Die Fessel, der Vater, muss weg, lässt Walter Mama Luise wissen. *Du ich halts nicht lang mehr aus. Überviele Frühlinge sind in mir. Es kommt meine Zeit.* Im Lenz sprießen die Triebe. Der vom Kontroll- und Abstrafungswahn besessene Ignaz hat Frau und Sohn in der Kammer eingesperrt. Das wird sich nun rächen. Beide wurden sie von ihrem Gebieter misshandelt, missbraucht. Das schweißt zusammen, was eigentlich nicht zusammen gehören darf. *Schau mich an*, säuselt Frau Fessel dem Filius ins Ohr, *hast du nie vorher geküßt?* Der schüttelt den Kopf. *Nie umarmt vorher, nie geliebt?* Nicht einmal das. Da scheint Nachhilfe geboten. Die wollüstige Regieanweisung verlangt akrobatische Höchstleistung. *Beide sind nun aufs äußerste erregt. Sie läßt das Hemd los, sie hat es nur gehalten, und steht nackt vor ihm. Sie schauen sich an. Frau Fessel läuft ins Nebenzimmer. Walter ihr nach und sie dreht sich wohl zu ihm wie er auf sie losstürzt. Man hört die nackten Leiber aufeinander klatschen.* Mutter und Sohn endlich vereint! Und beide wissen sie – anders als der vom Schicksal getriebene Ödipus und seine Mutterbraut Iokaste –, wem sie sich da hingeben. Sie tun es bewusst, sie tun es gern, sie wollen durch den Tabubruch die heimischen Besitzverhältnisse ändern.

Der blutschändende Liebesakt ist nicht Fluch, sondern Erlösung, der erste Schritt zur Auslöschung des Tyrannen. Minuten später wird der alte Fessel, vom eigenen Sohn erstochen, auf den Theaterboden niedersinken. Die Mission ist erfüllt. Und Walter gelobt, nicht eben dankbar, nie wieder die Mutter zu schmusen. *Ich hab genug von Dir. Geh Deinen Mann begraben du bist alt.* Die Greise haben ihre Schuldigkeit getan. Die alte Welt gerät aus den Fugen. Jetzt sind die Jungen am Ruder. *Niemand vor mir, niemand über mir. Der Vater tot.* Das ist der verzückende Augenblick der Selbstbestimmung, der Anbruch einer rundum besseren Zeit. Keine verhassten Regeln mehr. Der letzte Satz des Bühnenspiels kennt nicht einmal Punkt und Komma. *Himmel ich spring dir auf ich flieg/ Es drängt zittert stöhnt klagt, muß auf schwillt quillt sprengt fliegt muß auf/ Ich, ich blühe.* Der Frühling erwacht. Die Bluttat markiert ein glückliches Ende. Dann fällt der Vorhang. Er sollte jedenfalls fallen. Doch bis zur Uraufführung war's wieder einmal ein weiter, weiter Weg.

Sohn schläft mit Mutter und befördert den Vater ins Jenseits, das Ganze auch noch mit Sympathie für den Täter gezeichnet – *es ist ein pazifistisches Manifest, dieser Mord*, schrieb Carl Zuckmayer, *denn er geschieht in der resonanzlosen Enge einer Kleinbürgerwohnung, die unter dem Schicksalsdruck zum Bestienkäfig wird:* Das war im Kaiserreich undenkbar, in Österreich-Ungarn und erst recht, wie schon die Causa Hasenclever zeigte, im wilhelminischen Deutschland. Bronnen wird sein mitten im Weltkrieg entstandenes Stück immer wieder bearbeiten. Erst 1922, fast vier Jahre nach dem Ausruf der Republik, kommt der jeder Konvention spottende Einakter im Deutschen Theater Berlin erstmals auf die Bühne.[3] Freund Brecht hat die Regieanweisungen noch ein wenig angespitzt.

Der Eklat bei der Premiere ließ nicht auf sich warten. Der Rezensent des *Prager Tageblatts*, kein Geringerer als Alfred Döblin, sah sich von Tumulten, von wildem *Krakeel* umringt. *Schläger und antisemitisches Gebrüll. Ein junger kräftiger Graf mit Schmissen, ruhiges Assessor- oder Bankbeamtengesicht, hat »Saujude« gegen einen klatschenden kleineren Herrn gerufen, der nun wie ein Stier gegen ihn anrennt, ihn stößt und packt.* Auf der Galerie prügeln sich die Jugendlichen. So etwas hat auch Zuckmayer, für *Die neue Schaubühne* vor Ort, noch nie zuvor in einem Theater erlebt. *Ich sah Fünfzehnjährige,*

[3] Einige Wochen zuvor war »Vatermord« bereits in Frankfurt gespielt worden. Bronnen selbst aber hat die Berliner Inszenierung als eigentliche Uraufführung gesehen.

die in Begeisterung schäumten, daß man für ihre Väter ernstlich fürchten mußte. Und sah Vierzehn–, Fünfzehn, Achtzehnjährige, die […] vor sittlicher Entrüstung dampfen. Trillerpfeifen! Die Sicherheitspolizei schreitet ein.

So viel leidenschaftlicher Krawall um ein Bühnenstück! In der Verachtung für die Väter fand sich eine ganze Epoche. Schon 1911 hatte der frühexpressionistische Lyriker Georg Heym in seinen Tagebüchern geklagt: *Ich wäre einer der größten Dichter geworden, wenn ich nicht einen so schweinernen Vater gehabt hätte*, einen erklärten Intimfeind, der alles Böse in sich vereint, einen Unterdrücker, der beiseite geschafft werden muss, um selbst nicht zu ersticken. Der Patrizid ist wahrlich ein komplexes Verbrechen: unter Generalverdacht gestellte Schandtat und kreative Explosion zugleich, Befreiung im Glückstaumel – und Verharren in ewiger Pubertät.

Seit Ham seinen Vater Noah in einer peinlichen Situation erblickte und dies nicht für sich behielt, wofür er vom Vater verflucht wurde, werden Söhne, die ihre Väter verraten, verfemt und geächtet. […] Die sogenannte Elternliebe ist das letzte große Tabu, ein archaischer Reflex, garantiert herkunfts- und ideologieübergreifend. Seltsam daran ist, daß der Vorwurf des »Vatermordes« auch in politischen Auseinandersetzungen zunehmend als Knüppel eingesetzt wird.

Henryk M. Broder über die Reaktionen auf Niklas Franks »Mein Vater, der Nazi-Mörder« Spiegel, 1987

IV. Wenn Väter töten

Hoffentlich wirst Du rot drunten in der Hölle. In einer hasserfüllten Suada über mehr als dreihundert Seiten bespuckt der Sohn seinen Erzeuger, verhöhnt ihn, wünscht ihn zum Teufel. *Man hätte Dir die Eier spleißen müssen, aus denen ich geschlüpft bin.* Er schreit sich den Ekel aus der Seele, erregt sich genüsslich an einem grausigen Schlachtfest, an der Ausweidung des Vaters durch den Arm Gottes. Der *fährt Dir ins Maul hinein, durch die Kehle, durch den Magen, den Darm entlang bis zum Arsche, der […] stülpt Dich mit einem quatschig-platschenden Geräusch von innen nach außen.* Da wird dem Sohn das Herz auf einmal ganz leicht. Er wünscht dem Mann, dessen Leben für seinen Jüngsten, den *guten Nikki*, ein einziger Schmutzhaufen war, die ewige Verdammnis an den Hals. *Ich höre Dich schreien und schreien, aber der Schrei ist dumpf, denn Du bist ja nach innen gestülpt.*

Metaphern, mit menschenverachtender Kälte gezeichnet. Brutaler kann kein Vatermord sein. Dem Leser bleibt nichts als Verstörung. Der Autor hat sein Ziel erreicht: den Vater, das Monster, gebührend zu beschreiben, jenen Dr. Hans Frank, der Hitlers Statthalter in Polen war. Ein Herrenmensch ohne Gewissen, ein zigtausendfacher Schlächter, der barbarische Kunstfreund, der seine jüdischen Opfer ausplünderte, um daheim die private Gemäldesammlung zu komplettieren. Überdauert haben des Vaters martialische Kalauer: *Im Westen liegt Frankreich, im Osten wird Frank reich.* Nach dieser Devise hat er gelebt und gescheffelt.

Hans Frank, der Verbrecher wider die Menschlichkeit, wurde 1946 vom Nürnberger Tribunal zum Tod durch den Strang verurteilt. Sein Sohn, Niklas, ein über Jahrzehnte sich beherzt einmischender Journalist, bekennt seinen Alptraum schon beim Gedanken, das Gnadengesuch des Alten wäre angenommen worden. *Noch heute bangt mein Herz, wenn ich daran denke, daß es Erfolg gehabt hätte.* Er würde diese *mümmelnden Selbstrechtfertigungen* nicht ertragen. Das Datum der Exekution, der letzten *Streckübung*, wie der Sohn sagt, *die Nächte zum 16. Oktober waren mir heilig. Ich mochte Dein Sterben.* Das Genick hat geknackt in der Turnhalle, ein Fanal der Erlösung für immer! Der Priester, der bei der Hinrichtung zugegen war, hat es gehört. Und der Sohn hat Genugtuung empfunden, heilsame Perversion im Anblick des so erbärmlich verendenden Vaters. *Ich legte mich nackt hin, auf das stinkende Linoleum der großen Toilette, die Beine gespreizt, die Linke am schlaffen*

Glied, und mit einer leichten Rubbelbewegung fing ich an Dich zu sehen …

Da hat einer den Jargon des Abscheus gefunden, um die Verachtung einer Bestie, eines dumpf karrieristischen Massenmörders zum Ausdruck zu bringen. Die Abrechnung des Niklas Frank mit seinem Vater ist, in der Radikalität der Sprache, das journalistische Pendant zur *Todesfuge* des an seiner Traurigkeit erstickten Lyrikers Paul Celan. Der verzweifelte Versuch, Worte zu finden für das unfassbare Entsetzen. Ob es das Feuilleton goutiert, die in ihrer Aggressivität betäubende Sohnesrede gar den nachgeborenen Lesern empfiehlt? Das wird die Ausnahme bleiben. Das Gros der Kollegen gibt sich angewidert. Freunden des Schönen, Guten und Wahren darf man mit Fäkalsprache nicht kommen. Der Kulturteil zielt aufs Gemüt, Franks umfänglicher Ekel nicht zuletzt aufs Gedärm.

Ödipus perplex: Die *Zeit* stempelt den lästigen Autor, der Auszüge seines Buches im *Stern* vorabdrucken ließ, in einer hämischen Glosse zum Psychopathen, der allenfalls Mitleid verdiene. *Irgendwann mußte es ja passieren. Wer aber schützt den Leser einer Zeitschrift, wenn sich darin vorwarnungslos ein Journalist zum ödipalen Helden aufwirft und sein Seelengekröse mit hassverseuchtem Gefasel aller Welt kundtut.* Im Kulturteil schlägt die Stunde der Küchenpsychologen: Was wiegen die Schwerbrechen des einst in Polen wütenden Schlächters gegen die vermeintlichen Komplexe des Sohnes, der sich durchrang, seine Geschichte zu erzählen! Der Aufschrei des Niklas Frank, lesen wir, ist ein Fall für die Couch – oder für Mitmenschen, die das Karitative nicht scheuen. *Wer bewahrt den Offenbarer davor, sich zu entseelen? Es bedarf dazu lediglich eines Redakteurs, der seinem Kollegen psychosozialen Beistand leistet und die Leserschaft nicht als geistigen Abfalleimer betrachtet.* Hauptsache, der Spross mit seinen unappetitlichen Gewaltphantasien hält endlich die Klappe!

Niklas Frank hat, so scheint es, einen Nerv getroffen. In Leserbrief-Spalten gibt es Keilerei über Wochen. Der *Stern*, der einige Passagen der Vaterabrechnung seines Redakteurs druckte, richtet Sonderseiten ein. Ja, es gibt auch Zuspruch, Norman Frank schreibt sogar: *Ich bin stolz auf meinen Bruder.* Doch Hitlers Statthalter hatte auch einen Sohn namens Michael. Der zweitjüngste empört sich über den *Haßgesang einer erkrankten Seele*, der das Andenken seiner Eltern beleidigt habe. Bruder Niklas, poltert er mit angestrengter Ironie, *ist ein Sohn, wie ihn sich alle Väter wünschen.* Und eben dies, die offenkundige Verweigerung des Sohnesbücklings, der Pflicht aller Pflichten, empört in diesen Tagen so viele.

Wer sich dem Kodex der Familienehre widersetzt, der ist vogelfrei. *Ihr Redakteur N. Frank braucht sich nicht länger zu quälen,* erbarmt sich ein Herr Schröder aus Bremen, *meine Empfehlung: Aufhängen, damit seine Verbrechervisage nicht mehr der Menschheit zur Last fällt!* Einmal mehr: Der Patrizid ist nur mit Höchststrafe zu rächen. Mit diesem Frevel verglichen verblasst sogar der Massenmord. *Was auch immer Hans Frank getan haben mag,* urteilt Thorsten M. aus Hagen 1, *seine größte Schandtat besteht zweifellos in der Zeugung dieses perversen Monstrums von Sohn.*

Pervers, das ist, streng wörtlich genommen, nicht einmal ganz falsch. Denn verdreht hat Frank, der als Schmuddelkind der Vergangenheitsbewältigung Beschimpfte, die ihm zugewiesene Sohnes-Rolle tatsächlich: Er verweigert dem Vater die Gefolgschaft, er lässt keine Gnade walten. Er trauert nicht, sondern feiert orgiastisch den Tod des Mannes, der ihn zeugte. Brachialer ist ein Tabu kaum zu brechen. *Jeder dürfte, ja sollte diesen Artikel schreiben,* so eine Leserin aus Bad Nenndorf, *aber nicht der Sohn.* Eben! Ein solcher Nachfahr hebelt die Traditionen und Wertmaßstäbe der abendländischen Kultur aus. Die christliche Familie hält zusammen, auf Gedeih und Verderb; die ist, komme was wolle, Schutzraum, wenn's Not tut, auch Bunker, aber nicht Schauplatz eines Tribunals. In diesem Kontext hat Henryk M. Broder in seinem *Spiegel*-Essay die große Erregung über die Abrechnung im Hause Frank analysiert. *Das vierte Gebot – Du sollst Vater und Mutter ehren –, für das es bezeichnenderweise kein Pendant zum Schutze der Kinder vor den Eltern gibt, ist an die Stelle der Einsicht getreten, daß die Bewältigung der nationalen Vergangenheit nicht vor der Wohnküche, in der man groß geworden ist, haltmachen kann.*

Die hochemotionale Debatte, die öffentliche Abstrafung des Jüngsten, der aus der Rolle fiel und seinem massenmordenden Vater nicht die Gnade der Verzeihung gewährte, verweist auf uralte, biblische Muster, deren Durchschlagskraft Peter von Matt, kaum zufällig, gleich im ersten Kapitel seiner Studie über *Verkommene Söhne, mißratene Töchter* mit einem Kindervers aus seiner Schweizer Heimat illustrierte:

Absalom, der Königsohn,
Isch am Bäumli g'hange;
Hätt'er Vatr und Muettr g'folget,
Wär's ihm nit so g'gange.

Die Lektion, die da den Kleinen verpasst wird, lässt an Deutlichkeit wenig zu wünschen. Weh Dir, Du parierst nicht, weh Dir, Du lehnst Dich, wie einst Absalom, auf gegen den Vater, weh Dir, Du verweigerst den Dank und gehst Deine eigenen Wege, dann bleibt Dir, so steht es im Buch Salomon geschrieben, einzig der Weg in den Tod. Die Bibel statuiert viele Exempel, traktiert die Söhne mit Imperativen und unverhohlener Drohung. Da gilt Jesus Sirach III: *Wer seinen Vater verläßt [...], der ist ein schändliches und verfluchtes Kind.* Zeige also, dass Du bei ihm bist! *Und halt ihm zu gute, ob er kindisch würde, und veracht ihn ja nicht, darum, daß du geschickter bist.* Gewiss, das ist ein großes, sehr humanes Diktum, der Appell zur Ehrfurcht gerade auch für den schwachen, gebrechlichen, gebrochenen Vater. Nur: Lässt sich diese Achtung, diese Liebe verordnen?

Die Antwort scheint vorgegeben. Da gilt nur ein klares Ja. Das ist common sense, ein eherner Codex bis heute: Sprösslinge, die den Vätern die Gefolgschaft verweigern, haben ein Problem – oder werden es zumindest bekommen: So einer wird seines Lebens nicht mehr froh. Und das geschieht ihm Recht.

Seht einmal, hier steht er. Ein dreifaches Pfui! Struwwelpeter-Moritaten des postfreudianischen Zeitalters haben Konjunktur. Der Wind hat sich gedreht, Disziplin zählt wieder im Land. Durchgreifen ist angesagt. Werden die Bubenstücke der respektlosen Brut nicht immer dreister? Schaudernd ergötzen sich Feuilleton und Boulevard an einer Never-ending-story – zur allseits gefälligen Abschreckung.

Es war schon ein seltsames Verhältnis zwischen Ihnen und Ihrem Vater, seufzt Arno Luik vom *Stern*, unbestreitbar ein begnadeter Frager, sein Gegenüber an, Joachim Unseld, den Sohn des einst allmächtigen Suhrkamp-Verlegers Siegfried, *an seinem 65. Geburtstag sollen Sie ihn in Venedig im Haus des Autors Gaston Salvatore die Treppe hinabgestoßen haben.* Der Filius, der mittlerweile selbst einen erfolgreichen Verlag leitet, ist erst einmal perplex und dementiert dann wacker. *Rufmord. Mobbing. Gerüchte.* Doch so schnell gibt der Interviewer nicht auf: *Sie werden doch darüber nachgedacht haben – sagen Sie es mir.* Nicht wenigstens ein phantasiertes Attentat, verborgene Mordgelüste? Unseld scheint sich keiner Schuld bewusst. Nächste Frage: *Vielleicht hätten Sie schon früher gegen Ihren Vater kämpfen, protestieren sollen.*

Irgendeinen Sparren muss er doch haben, der Sohn, dem der alte Herr den Stuhl vor die Tür setzte und, bevor es ans Sterben ging, seiner einstigen Geliebten und späteren Frau die Geschäfte, und weit schlimmer: die Suhrkamp-Kultur übertrug, die eigentlich doch der schon offiziell zum Kronprinz ausgerufene Joachim einmal weiterführen sollte. *Wenn man über Sie redet, schwingt fast immer Mitleid mit. Ach, heißt es, der Ausgebootete, der Loser, der sich ins Abseits hat schieben lassen von Ulla Berkéwicz.* Nein, er sei kein Loser. Was soll er auch sagen? Mit jedem Dementi gewinnt die Seelen-Inquisition nur noch an Schärfe. *Es geht ja das Gerücht, dass Sie damals auch eine Beziehung zu Ulla Berkéwicz, Ihrer späteren Stiefmutter, hatten.* Unseld sagt: *Quatsch!* Aber der Leser stutzt, begierig. Dies Szenario würde den schnöden Erb-Konflikt erst zum wahren Drama erheben. Was wiegt schon ein Streit um Geld oder Bücher gegen die Schlacht Vater gegen Sohn um Eros, Sex und die Liebe, wobei in diesem Gefecht ganz wider die Natur – der Alte obsiegte. Ödipus paradox.

Dass Joachim Unseld seine Wut, mag auch sein den Hass über die Zurückweisung des Vaters höchst produktiv kompensierte und längst ein angesehener, selbstständiger und in der Branche hoch angesehener Verleger ist, interessiert in diesem Gespräch nicht weiter. Hier soll ein Sohn vorgeführt werden, der dem Klischee genügt und an einem mächtigen Patriarchen zerbrach, den er, so sehr er sich mühte, nicht aus der Welt schaffen konnte. Zu schwach zum Vatermord!

Was aber, wenn er den Altvorderen gar nicht umbringen wollte? Undenkbar! Wer den Ödipus-Mythos nicht als Mythos, nicht als symbolkräftige Geschichte, sondern als Fahrplan des realen Geschehens versteht – und das tun offenkundig viele –, der wird von keinem Zweifel geplagt, dass Söhne immer nur das eine wollen: den Erzeuger endlich aus dem Weg räumen, ihn schädigen, verleumden, auszutricksen, um sich selbst den Weg in die Freiheit zu bahnen. Im Kindesalter, immerhin das hat sich herumgesprochen, ist das normal und wird sich auswachsen. Starke, bedeutsame, mächtige Väter aber, hört man, wollen nicht weichen, die kleben an ihrer Größe und lasten noch ihren erwachsenen Sprösslingen wie ein Granitblock auf der Seele. Doch mit Verlaub: Die eigentliche Belastung sind jene, die diesen psychologischen Unfug, wie einst die Richter im Halsmann-Prozess, dazu benutzen, um Sprösslinge, die ein wenig von der Norm abzuweichen scheinen, als vermeintliche Vatermörder an den Pranger zu stellen.

Nun geraten auch schon die Töchter ins Visier. Ursula Priess zum Beispiel, Max Frisch war ihr Vater. Und über den hat sie 2009 ein über weite Strecken wunderbares, leise dezentes Erinnerungsbuch veröffentlicht: *Sturz durch alle Spiegel.* Sie verschweigt freilich auch nicht ihre Blessuren, die sie davontrug, als der Schriftsteller die Mutter und ihre drei Kinder für eine andere Frau verließ. Und verheimlicht nicht die Enttäuschung, dass der Vater ihre Geschichte in *Montauk* ungefragt zum Teil seines Werks gemacht hat. Das aber wars dann auch schon an Kritik. Das Buch der Tochter wurde dennoch, gerade in der Schweiz, als Akt des Undanks gebrandmarkt. Als Manöver ungehöriger Rache. Als Vatermord eben, wenn auch als kleiner. Frauen, heißt es, töten dezenter.

Und in der Tat: Die großen Schlachten gegen die Väter, die schlagen die Söhne. Florian Havemann, der Jüngste der DDR-Dissidenten-Legende Robert, hat 2007 so eine Attacke gewagt, sich auf unfassbaren 1080 Seiten an seiner Kindheit und Jugend, vor allem aber an seinem Papa abgearbeitet. Er hat die bis heute ob ihres Muts, ob des erlittenen Unrechts verehrte Lichtgestalt mit den eigenen Erinnerungen kontrastiert. Dem Sohn ist eben auch der Haustyrann, Säufer, der treulose Fremdgeher und Verfasser antisemitischer Zeilen in Erinnerung geblieben.

So entstand ein wild assoziierendes, egomanes, zorniges, dann wieder eminent zärtliches, auf alle Fälle bekennend ungerechtes Buch. Ein buntes Zeitpanorama der frühen DDR zudem, der Florian 1971 entfloh. Und vor allem, eine gewollte Zumutung für den Leser: In dem kiloschweren Konvolut ist kaum Struktur zu erkennen. Schon der Titel schafft Verwirrung: *Havemann*. Ob es um Vater oder Sohn geht, um Dokumentation oder um freie Erfindung des Künstlers und Musikers Florian H., bleibt offen. Das ist die Schwäche, das aber ist auch das Außergewöhnliche an dieser bleigewichtigen Revue eines bewegten Lebens.

Über diesen *Havemann* hätte kontrovers und gewinnbringend gestritten werden können: Wo etwa trifft der Sohn die inneren Widersprüche des Vaters, wo schießt er hinaus übers Ziel? Was ist präzis beobachtet, was vage und was falsch und kraus? Aber nein, da wurde kurzer Prozess gemacht. Buch und Autor wurden von der Literaturkritik flugs in die Sudelelecke gestellt. *Florian Havemann begeht Vatermord.* Oder: *Florian Havemann setzt zum Patrizid an.* Oder: *Tausend Seiten privater Mordphantasien.* Kurzum: Dieser Sohn ist zum öffentlichen Abschuss freigegeben. Dabei bewegt sich die Anklage, wie so häufig bei diesem Delikt, auf recht dünnem Eis. Er habe in seiner Schwarte die Ungeheuerlichkeiten wiederholt, die er bereits 1978 als 26jähriger in einem Essay artikuliert hatte, in einem, so die spürbar empörte *FAZ*-Rezensentin, *hasserfüllten Pamphlet, in dem der Sohn sich wünscht, auf den Tisch des angetrunkenen Vaters zu steigen, um ihm ins Gesicht zu treten – und sich ihm gleichzeitig vor die Füße zu werfen.*

Dieser Ausbruch deutet auf einen handfesten Ödipus-Komplex, sagt sich der Kenner. Das ist ziemlich ekelhaft. Allein, Florian Havemann hat niemals geschrieben, dass er sich wünsche den Vater zu peinigen, um anschließend – in einschlägig bekannter Sohnes-Ambivalenz – vor ihm niederzuknien. Den entscheidenden letzten Satz der grausigen Beschreibung hat die Kritikerin geflissentlich unterschlagen. *Furchtbares Ende des Traums.* Ein Nachtmahr aber, die im Schlaf aufsteigenden Bilder der Angst, sind kein Straftatbestand, nicht einmal ein probates Indiz.

Im Havemann-Buch gibt es ein ganzes Kapitel, das sich vorausschauend mit dem unterstellten Patrizid auseinandersetzt. Der Vater ein Hassobjekt? Nein, schreibt der Sohn, aber *ein Problem, das mich beschäftigt, zur Produktivität zwingt, das mich nicht zur Ruhe kommen läßt. Und Havemann hat als Problem so viele Facetten. Havemann bedeutet nun, viele Probleme zu haben.*

Das wiederum scheint nun sehr Havemannsch gedacht – und auch ein wenig kryptisch. Also frage ich beim inkriminieren Autor nach und erhalte prompte Antwort. *Der Vorwurf des Vatermordes war ja nicht neu für mich. Ich habe mich in meinem Buch mit ihm auseinandergesetzt, ihn zurückgewiesen. Diejenigen, die ihn noch einmal gegen mich erhoben haben, werden dieses Kapitel nicht gelesen haben. Sonst hätte es ja bei ihnen heißen müssen: auch wenn der Havemann meint, kein Vatermörder zu sein, ist er einer. Aber das hätte man dann ja begründen müssen. Als wirklich herabsetzend empfinde ich etwas anderes: dass man es mir seitens der Kritik nicht zutraut, in diesem Buch vatermörderische Gelüste offenzulegen, wenn ich sie denn je gehabt hätte, dass man mich für so feige hält.*

Und Mut zur eigenen Meinung hat dieser Sohn zeitlebens bewiesen. Seinen Protest gegen den Einmarsch der Russen in die CSSR hat der 16jährige DDR-Bürger mit Gefängnis bezahlt, seine Flucht in den Westen wurde von einstigen Weggefährten, nicht nur von Wolf Biermann, mit Hohn und Spott bedacht: *Er ist hinüber* … Hätte er seinen Vater, den seit 25 Jahren toten Robert Havemann, also wirklich noch mal postum einsargen wollen mit seinem Buch, wäre Florian Havemann wohl kaum auf die Idee gekommen, aus seinem Herzen eine Mördergrube zu machen.

Mit seinen, auch in der Ich-Versessenheit, entwaffnend ehrlichen Monumental-Memoiren hat er ohnehin eher sich selber als den Vater beschädigt. Zurück blieb ein großes Trümmerfeld, *ein gerupfter, eingeschränkter, zensierter Havemann.* Wer das Buch heute erwirbt, der kauft auch viele, viele penibel verunstaltete Seiten. Eine Klägerin, die anonym bleiben wollte, und vor allem die

Familie haben – mal auf dem Verfügungsweg, ein andermal mit bloßer Androhung juristischer Schritte – den *Havemann* in ein Meer von schwarzen Balken verwandelt. Vom Kapitel *Mein Bruder* überlebte, von der Überschrift abgesehen, keine einzige Zeile. Und Schwester Sibylle sprach vom *Missbrauch unseres Namens.* Missbrauch, auch dies ein Verbrechen. Ein Bruder, ein Sohn wie Florian, die des Undanks dem Vater gegenüber geziehenen Niklas Frank oder Joachim Unseld, all sie haben, so unterschiedlich die Fälle im Einzelnen auch liegen, eines gemeinsam: Die werden mit alttestamentlichem Furor verfolgt. Friss, Filius, oder stirb!

Schon die Bibel hält für die Söhne vornehmlich Pflichten und Strafen, nicht aber Rechte parat: Gute Söhne sind allzeit zu Diensten, die verzehren sich in Selbsthingabe. Die gehen bisweilen verloren, kehren aber dann – Lukas 15 – in Sack und Asche zu ihrem Vater zurück. Söhne sind nach dem Willen der Schöpfung Eigentum aus Fleisch und Blut. Ohnmacht, nicht Mündigkeit ist ihre vornehmliche Stärke. Sie wehren sich nicht, sie ziehen es vor zu zerbrechen. Sie folgen ihrem Gebieter, selbst wenn dieser sie zur Schlachtbank führt. Sogar Niklas Frank, der nichts anderes versuchte, als sich von einem Schwerverbrecher freizuschreiben, den Fängen eines Vaters, dessen Sohn er nicht sein wollte, für immer zu entkommen, selbst er bekam zu spüren, wie tief verwurzelt die rund 4000 Jahre alte Geschichte von Abraham und Isaak in unseren Köpfen ist. Er hat gegen die eherne Sohnesbestimmung verstoßen.

Die eingeforderte Ehrerbietung nimmt sich anders aus: Der gehorsame Isaak, in Erwartung des eigenen Brandopfertodes, ließ es klaglos geschehen, dass der Vater ihn auf dem Altar festschnürte. Er hat zuvor sogar eigens das Brennholz den Berg im Lande Morija hochgeschleppt. Nicht zuletzt dieser Umstand macht Theologen ganz sicher, dass da kein ahnungsloses Kind in gottesfürchtigem Rauch aufgehen sollte, sondern ein junger Mann.[4] Das Verzurren des Sohns auf dem Tisch des Herrn, so Bernd Willmes 2008 auf einer interdisziplinären Tagung der Uni Freiburg zur *Bindung Isaaks,* war folglich *nur mit seiner Einwilligung möglich, denn er hätte seinem über hundertjährigen Vater davonlaufen oder ihn überwältigen können.*

Der Stammhalter, auf den Abraham und Sara so lang gewartet hatten, wurde in keinen Hinterhalt ge-

[4] Bernd Willmes, Theologieprofessor aus Fulda, verweist sogar auf Studien, die behaupten, dass Isaak am Tage der befohlenen Opferung bereits 37 Jahre alt war. (In: Hoping, Knop, Böhm: Die Bindung Isaaks. Siehe Literaturverzeichnis)

lockt – er hat sich gefügt in die gott- und vaterbefohlene Rolle des Opfers. Er gesteht seinem Erzeuger das Recht der Tötung zu. Der Patrizid gilt als unverzeihlich, das korrespondierende Verbrechen aber, der Filizid, die Abschlachtung des Sohnes, scheint mit den Normen und Tabus, mit den Werten des Glaubens durchaus vereinbar. Das ist der Unterschied, der zählt. Abraham muss der Opferbefehl unendlich geschmerzt haben, aber er hat sich mit Isaak auf den Weg gemacht, der Altar ist gerichtet. Er hat schon das Messer gezückt. Er hatte Gewissheit: Die Tat steht im Einklang mit dem Willen Gottes. Die Person Isaaks wird im Alten Testament ohnehin eigentümlich fad und blass gezeichnet. Der ist eben nicht mehr als der Sohn, ein zu einem Randfigur-Dasein Bestimmter. Der interessiert einzig als Opfer. Im Zentrum aber stehen zwei Väter. Gottvater und Vater Abraham. Ihre Geschichte wird im ersten Buch Mose erzählt. Ein Gleichnis über Untertänigkeit und Gottvertrauen, das auch einen anderen Ausgang hätte nehmen können.

Abraham glaubte und zweifelte nicht, er glaubte das Widersinnige. Hätte Abraham gezweifelt – dann würde er etwas anderes getan haben. So schrieb 1843 ein frommer Kritiker der real existierenden Christenheit, der sich anschickte, die alttestamentliche Opfergeschichte in einem bis heute provozierenden Versuch mit dem Titel *Furcht und Zittern* aus ganz eigener Sicht zu interpretieren: Søren Kierkegaard stellte sich das Undenkbare vor und stellte Fragen. Was wäre, wenn der alte Abraham allein auf den Berg gezogen wäre, den letzten Gehorsam verweigert und, vor dem Scheiterhaufen stehend, seinen Gott ebenso ehrfürchtig wie selbstbewusst angerufen und sich selbst an des Sohnes statt als äußerstes Zeichen des Dankes angeboten hätte: *Verschmähe nicht dieses Opfer, es ist nicht das Beste, das ich besitze, das weiß ich wohl; denn was ist ein alter Mann gegenüber dem Kind der Verheißung; aber es ist das Beste, das ich Dir geben kann. Laß es Isaak niemals erfahren, damit er sich mit seiner Jugend trösten kann.*

Bei solcher Rede hätte die Parabel aus der Genesis, die Schriftgelehrte, Dichter und Maler (denken wir an Rembrandts Schreckensgemälde: der Vater hält dem Sohn die Augen zu, presst dessen Kopf schon auf den Altar) seit Jahrhunderten in ihren Phantasien beflügelt, ein grundlegend anderes Ende gefunden. Kierkegaard malt sich Abrahams Gehorsamsverweigerung sehr bildhaft aus. *Er hätte das Messer in seine eigene Brust gestoßen. Er wäre in der Welt bewundert worden und sein Name würde nicht vergessen sein; aber eines ist, bewundert werden, ein anderes, zum Leitstern werden, der den*

Geängstigten erlöst. Ergo ist Abraham dann doch seinem Herrgott gefolgt, ließ sich läutern zum Leitstern – und wäre, wenn der Allmächtige ihm in letzter Sekunde kein Zeichen zur Umkehr gegeben hätte, zum Schlächter des eigenen Sohnes geworden, um dem Vater aller Väter zu gefallen.

Söhne sind nun einmal ein ideales, das äußerste Opfer, die Stammhalter vor allem, die das Weiterleben der Sippe garantieren. Das Sühnezeichen kann entsagungsvoller, schmerzhafter nicht sein, größer, glaubhafter keine andere Gabe. Von Opfern zu Tätern reifen die Söhne erst, wenn sie selber zu Vätern, also ihren Erzeugern ebenbürtig werden. Bis dahin aber greift die alte, bibelverbürgte Ordnung. Es sei kaum Zufall, hat Kurt R. Eissler, der Psychoanalytiker und Polyhistor im Geiste Freuds, geschrieben, *dass die Tötung eines Sohnes an zwei entscheidenden Wendepunkten der Religionsbildung geheiligt wird*, bei der befohlenen Opferung, der Bindung Isaaks und bei der Kreuzigung Jesu Christi.

Zwischen beiden Geschehnissen liegen rund zwei Jahrtausende und doch gehören sie im Deutungskontext, in der Viktimisierung der Söhne zusammen. Dass Gott Abraham in letzter Sekunde von der schauerlichen Gehorsams-Prüfung entband, indes Christus seinen Stellvertreter-Tod starb, macht, was die Rolle der

Söhne betrifft, keinen Unterschied. Auch Papst Johannes Paul II. hat in seinen Meditationen am Ende eines langen Christenlebens, im *Römischen Triptychon*, die beiden biblischen Sohnesopfer miteinander in Beziehung gesetzt, von denen das eine der Vorbote des anderen war.

O Abraham, der du auf den Berg im Lande Morija steigst,
es gibt einen Punkt in der Vaterschaft, eine Schwelle,
die du nicht überschreiten wirst:
Ein anderer Vater wird hier das Opfer SEINES SOHNES
vollbringen. […]

Gott hat dem Abraham offenbart,
was es für einen Vater bedeutet, den eigenen Sohn
hinzugeben
– für den Opfertod.
O Abraham – so sehr hat Gott die Welt geliebt,
dass ER SEINEN einzigen Sohn hingab, damit jeder,
der an IHN glaubt,
das ewige Leben hat.

Der biblische Topos vom ehrbar-gerechten Sohnesopfer, die Vorstellung von der allumfänglichen Verfügungsgewalt der Väter, findet in einer vertrackten Kriminalgeschichte aus dem Jahr 1920 seine irdische und recht grimmige Entsprechung. Ein Bauer kommt eines Abends auf ein fränkisches Polizeirevier und gesteht, er habe soeben seinem einzigen Sohn den Hals abgeschnitten. Er habe die Schande nicht mehr ertragen, die der 18jährige Simon Urbas über seine Familie gebracht hätte, dieser *entartete Sprößling, ein verlottertes Individuum, arbeitsscheuer Herumtreiber, ständiger Gast in Wirtshäusern und auf allen Jahrmärkten der Gegend.* Ein Dieb, Defraudant und hemmungsloser Schläger. Seine Geliebte, *ein verrufenes Frauenzimmer*, hat er zu erwürgen versucht, als diese behauptete, sie sei von ihm schwanger. Nur durch einen Zufall kam sie mit dem Leben davon. Der Strafprozess naht. *Alle Gutmeinenden waren sich einig, daß da ein Menschenunkraut emporwuchs, so hoch, daß keine Schere mehr hinanreichte, es zu stutzen und kein Spaten stark genug war, es auszujäten.*

So, mit verzweifelter Klage und wortreicher Verwünschung, beginnt Jakob Wassermanns Meistererzählung *Adam Urbas*. Die Geschichte eines tüchtig-bodenständigen und sehr schweigsamen Landmanns, der sich von archaischen Werten getragen fühlt, auch von *einer fast erhabenen Vorstellung von dem Verhältnis zwischen Vater und Sohn.* Der wird von keinem Zweifel geplagt; der weiß, wer oben und wer unten ist. *Er fühlte sich als*

Bauer, d.h. er fühlte sich als König. Die Erde war seine Erde. Der Knecht war sein Knecht. Wetter wurde für ihn gemacht und für den Acker und für die Ernte. Er ist der Herr und Meister. *Eigentum war ihm das Heiligste.* Und zu solch heiligen, von höherer Macht zugewiesenen Besitztümern zählt erst recht der Spross, die Saat, die aufgehen muss, auf dass der von Gott vorgegebene Kreislauf nicht kollabiere: *Der Sohn übernahm vom Vater, der Vater gab es dem Sohn, durch alle Zeiten hindurch; so war die Ordnung der Dinge, anders war die Welt nicht zu verstehen.*

Was aber, wenn der Sohn missrät, die Ernte verhagelt? Vater Adam – er trägt kaum zufällig den Namen von Gottes erstem Geschöpf – hat seine klare und konsequente Antwort gefunden. *Ich hab ihn gemacht*, erklärt er dem jungen Ermittlungsrichter, *wenn ich ihn gemacht habe, darf ich ihn dann nicht auch vertilgen?* Wie viel Kraft hat er in den Filius gesteckt, wie sehr hat er sich gemüht, ihn zu einem anständigen Menschen zu formen. *So und so, dacht ich, wirst Du mir werden. Wie ein Stück Lehm, das einer aus dem Erdreich schneidet und bastelt und knetet es nach seinem Sinn. Auf einmal hat er nichts als eitel Dreck in der Hand. Da schmeißt er's wieder hin, von wo er's hergenommen hat.*

Söhne sind allenfalls Entwürfe, die, das liegt in ihrem Wesen, bei Missfallen wieder verworfen werden können. Einen Versuch darf man auch einmal gründlich versemmeln. Deutlicher, als es der unglückliche Bauer tut, lässt sich die Sohnesbestimmung kaum fassen. Doch dann nimmt der Mordfall Urbas eine überraschende Wendung. Der Ermittlungsrichter hat ein ungutes Gefühl. Je mehr sich der geständige Bauer in Rage redet, den Filizid mit alttestamentlichem Zorn zu begründen sucht, desto größer werden die Zweifel, ob der alte Adam die Tat, der er sich bezichtigt, denn wirklich begangen hat. Oder war am Ende alles ganz anders? Nach schier endlosen, geduldig geführten Verhören gibt der Häftling auf, beide Hände über der offenen Bibel gekreuzt.

Ja, es habe am Abend, als Simon starb, noch ein Gespräch zwischen Vater und Sohn gegeben, das erste seit langem. Da hat der von seinem Erzeuger Verdammte allen Mut zusammen genommen und die Geschichte aus seiner Sicht der Dinge erzählt. *Ein Büblein war ich noch, ist mir schon der Bissen im Hals steckengeblieben, wenn Ihr zur Tür hereingetreten seid. Hundertmal und hundertmal hab ich zu Euch hingewollt, aber die Angst vor Euch hat mir's verwehrt.* Kein Zweifel, er sei *ein Hundsfott* geworden. Aber warum? Woher ist das Böse gekommen? Sein Lebtag hat er noch nicht in solcher

Klarheit und Härte gesprochen wie in diesem verzweifelten Abschiedsmonolog. *Ja, ich bin schlecht, aber ich weiß nicht, ob ich's von Geburt bin, ja, ich bin zum Lumpenkerl geworden, aber Ihr braucht Euch deshalb nicht wie der Heilige Geist vor mir aufzupflanzen, sondern solltet nachprüfen, was Ihr an mir gefehlt habt.* Und dann ist nur noch Schweigen. Der Vater verlässt, wie vor den Kopf gestoßen, das Zimmer, kehrt nach ein paar Minuten noch einmal zurück. Da liegt der Sohn schon in seinem Blut.

Jakob Wassermanns abgründige Erzählung, Psycho-Thriller und poetisches Denkstück zugleich, verrät Einiges über das bisweilen verhängnisvolle Geflecht von familiären Banden, über reale und erträumte Besitzverhältnisse. Warum hat Adam einen Mord, der keiner war, auf sich genommen? Gewiss, Simons letzte Worte, die Fragen nach der Mitschuld am Verkommen des Sohnes, haben ihn aufgewühlt. *Wenn dem so ist, dann bist Du der Mörder.* Und eben das hat er dann gestanden. Aber ist der Fall wirklich so einfach?

Die Selbstbezichtigung des traurigen Bauern lässt sich auch grundlegend anders deuten. Einer wie Adam Urbas, Anhänger der alten Ordnung, Patriarch bis auf die Knochen, der hält die Zügel fest in der Hand, selbst wenn es ums Sterben geht. Der gestattet seinem einzigen Nachfahren nicht einmal den Freitod. Einem Sohn ist das Opfersein, nicht die Täterschaft beschieden. Der ist kein Souverän, der bleibt Mündel, noch auf dem Weg ins Jenseits in den Klauen des Vaters gefangen. Der scheidet nicht selbstbestimmt aus dem Leben, der wird in einem Gnadenakt von seinem Herrn exekutiert. So wie es sich im Bewusstsein festgebrannt hat seit biblischen Zeiten.

Als der alte Urbas an seiner Lüge, die Bluttat sei sein Werk gewesen, nicht mehr festhalten kann, bricht die Welt, an die er sein Leben glaubte, mit einem dumpfen Schlag zusammen. *Mit Erstaunen beobachtete ich*, protokolliert Vernehmungsrichter Diesterweg nach dem nächtlichen Geständnis, *wie sein Aussehen im Verlauf weniger Minuten um Jahre älter wurde, das Kinn spitz, die Augen stumpf, die Hände welk.* Am nächsten Morgen soll er wegen erwiesener Unschuld enthaftet werden. Dazu kommt es nicht mehr. Vater Adam nimmt sich den Strick.

Eine grandiose und zeitlose Parabel von der Macht der Väter über die Ohnmacht der Söhne. Die Allgegenwart dieses Prinzips lässt sich übrigens bis heute auf dem Spaziergang zu einem sehr deutschen Ort, zum nächsten Kleingartenverein erkunden, zu jenen von Freizeit-Aktivisten begrünten, gehegt und gepflegten Lauben, die wir unter dem Namen Schrebergärten kennen. Blühende Idylle, ein Stückchen Park für jedermann, demokratische Teilhabe an der Mutter Erde, obendrein auch noch gesund, mit Jean Paul: das Vollglück in der Beschränkung – und zugleich Reminiszenz an ein richtig sattes Familiendrama, in dem ein Vater seinen Sohn zum seelischen Krüppel schlug.

Der alte Herr, Moritz Schreber, 1808 in Leipzig geboren, war ein deutscher Orthopäde und von der in mehrfacher Hinsicht gradlinigen Idee besessen, der Verkümmerung der deutschen Jugend Einhalt zu gebieten, durch Abrichtung zu bedingungslosem Gehorsam. Es gelte, den Willen der Kinder zu brechen, *ihre Gewohnheiten niederzukämpfen* – was natürlich nur zum Wohle der lieben Kleinen geschehe. Darum hat er auch Lehrbücher geschrieben, deren Titel bereits auf eine gewisse Zwanghaftigkeit des Verfassers deuteten: *Kallipädie oder Erziehung zur Schönheit durch naturgetreue und gleichmäßige Förderung normaler Körperbildung, lebenstüchtiger Gesundheit und geistiger Veredelung und insbesondere durch möglichste Benutzung specieller Erziehungsmittel* – und eben die hatten es in sich: Kopfhalter und Kinnbänder, Schlingen und Fesseln, um das Kind in Rückenlage ans Bett zu binden. Die Wanne fürs Sitzbad in Kaltwasser *von einer Temperatur zwischen*

10-13 Grad und von sechs bis achtminütiger Dauer nicht zu vergessen; das helfe im Kampf gegen das auszehrende Laster der Masturbation. Mit Patentrezepten wie diesem (es ist nur eines von vielen) wurde der schwarze Pädagoge ein weit über Sachsens Grenzen bekannter Mann, der – so schrieb der amerikanische Psychiater Morton Schatzman – *die Grundlagen für ein System der Kinderverfolgung, nicht der Kindererziehung schuf.*

Auch Schreber junior, der Sohn Daniel Paul, Jahrgang 1842, hat es zu weitreichender Berühmtheit gebracht: als vielbegutachtetes Spätopfer der vom Vater propagierten Aufzucht.[5] Mit 42 Jahren ereilten den erfolgreichen Juristen die ersten Schübe des Wahns. In der Psychiatrie unternimmt er zwei Selbstmordversuche, wird nach einem halben Jahr, im Juni 1885, als geheilt entlassen und kehrt in den Staatsdienst zurück.

Mit der Karriere geht es weiter nach oben. Im Oktober 1895 wird er zum Senatspräsidenten beim Oberlandesgericht in Dresden ernannt. Nur wenige Wochen später bricht die Paranoia erneut aus, wieder versucht er sich das Leben zu nehmen. Jetzt ist es endgültig vorbei

[5] Diese These wird insbesondere in den Arbeiten von Niederland und Schatzman eindrücklich untermauert. (Siehe Literaturverzeichnis)

mit dem Dasein als Richter. Diesmal wird er neun Jahre in Doktor Flechsigs Leipziger Nervenklinik bleiben. Er wähnt sich erleuchtet, ein andermal vor Gottes Strafgericht zitiert. Er glaubt, in seinen Körper hätten sich zigtausend *kleine Männer* eingeschlichen, kaum sichtbare Quälgeister, keinen Millimeter groß, *eine Meute von Feinden*, die es zu vernichten gelte. Da Schreber das Zeug zum Schreiben hat, beginnt er seine Krankengeschichte, seine Obsessionen haarklein zu protokollieren. 1903 hat er dann *Die Denkwürdigkeiten eines Nervenkranken*, diesen erschütternden Selbsterfahrungsbericht aus der Vorhölle *des heillosen Wirrwarrs*, zum Druck freigegeben. Für Freud war's eine *unschätzbare Veröffentlichung.* Er hat sie sieben Jahre später genutzt, um am Beispiel Schrebers seine berühmte Fallbeschreibung der Paranoia zu verfassen.

Der gottesfürchtige Vater Moritz hatte sich einst hohe Ziele gesetzt: Er werde ein besseres, gesünderes Menschengeschlecht stählen, durch Erziehungsmethoden des Drills und der Abrichtung. Der Sohn wird von Phantasien der Allmacht gequält, die in eine ähnliche Richtung weisen. Er zimmert sich in seinem Wahn eine Privatreligion. Er sieht den Allmächtigen wie einen Vampir über die Friedhöfe geistern. *Den Leichen konnte sich Gott ohne Gefahr nähern, um ihre Nerven aus dem*

Körper zu sich hinaufzuziehen und zu neuem himmlischen Leben zu erwecken.

Der eingesperrte Patient ist besessen von der Idee, *daß es möglich sei, sich in irgendwelcher Weise der Seele eines anderen zu bemächtigen, um sich auf Kosten der betroffenen Seele entweder ein längeres Leben oder irgendwelche anderen, über den Tod hinausreichende Vorteile zu verschaffen.* Er hat es doch selbst erfahren. Denn im Zentrum des unkontrollierbaren Seelenaufsaugens steht er, Daniel Paul Schreber. Er könne, schreibt er in seinem Paranoia-Protokoll, *Hunderte, wenn nicht Tausende von Namen nennen, die als Seelen mit mir verkehren.* Er sieht sich, was seine okkulten Kontakte betrifft, zu Gottes Stellvertreter auf Erden, nein: nicht berufen, sondern vom Schicksal verdammt. Es gibt kein Entrinnen. Die Stimmen, die ihn plagen, sind Verpflichtung, seiner Bestimmung zu folgen. *In der Tat wird, seit die Welt steht, wohl kaum ein Fall wie der meinige vorgekommen sein, daß nämlich ein Mensch nicht bloß mit einzelnen abgeschiedenen Seelen, sondern mit der Gesamtheit aller Seelen und mit Gottes Allmacht selbst in kontinuierlichen Verkehr getreten wäre.*

Elias Canetti hat den kranken Juristen in seinem monumentalen Essay *Masse und Macht* als Prototyp des deutschen Zwangscharakters gezeichnet. Die Wahnvorstellungen Schrebers, er sei ein Erwählter und müsse sein Volk, seine Rasse, die Menschheit, mehr noch: das Universum gegen eine feindliche Verschwörung verteidigen, sein *Wunsch, die anderen aus dem Wege zu räumen, damit man der einzige sei oder [...] sich der anderen zu bedienen, daß man mit ihrer Hilfe der einzige werde*, all das, schreibt Nobelpreisträger Canetti, der 1938 als Jude vor den Nazis ins Londoner Exil fliehen musste, sei Vorausahnung jenes pathologischen Irrsinns, der bald auch jenseits der Leipziger Anstaltsmauern Gestalt gewinnen sollte. *Man wird nicht leugnen können, daß sein politisches System es einige Jahrzehnte später zu hohen Ehren gebracht hat. Es wurde in etwas roherer und weniger »gebildeter« Fassung zum Credo eines großen Volkes.*

Der Vater ist lange schon tot, aber immer wieder steigt im Sohn die Erinnerung an den rücksichtslosen Menschheits-Verbesserer seiner Kindheit und Jugend hoch. Er will ihn in seinem missionarischen Wahn noch übertrumpfen, nicht nur Deutschland, sondern gleich den ganzen Kosmos erleuchten – und wird doch noch immer von der Erinnerung an den kontrollversessenen Tyrannen mit seinen abstrusen Apparaten gepeinigt, er fühlt sich traktiert von einer *Kopfzusammenschnürungs-Maschine – die kleinen Teufel preßten durch Andrehen einer Art von Schraubenkurbel meinen Kopf in einer Art*

Schraubenpresse zusammen, so daß mein Kopf zeitweise eine nach oben verlängerte, fast birnenförmige Gestalt gewann. Nicht zuletzt Bilder wie diese haben dem Armen den Verstand geraubt. Der ältere Bruder Daniel Gustav hatte sich Jahre zuvor auf anderem Wege von den Folgen der väterlichen Erziehung befreit und gab sich die Kugel.

Moritz Schreber war ein Mann von Idealen – und um eben diesen zu genügen, wurden die eigenen Söhne geopfert. Das nahm ihm kaum einer sonderlich übel. Im Gedenken an den pedantischen Volkserzieher aus Leipzig, verstorben im Jahr 1861, wurden Deutschlands Schrebergärten nach seinem Namen benannt. Das hat seine Logik: Hier wird bis heute hemmungslos gejätet und geschnitten, hier werden die Triebe gestutzt. Der Einsatz von Häckslern ist am Sonntag verboten. Und über die Mindestgrenzabstände von Bäumen und Sträuchern wacht die Vereinssatzung. Hier herrscht Ordnung. Wer nicht folgt, dem droht der Ausschluss aus der Gemeinschaft. Ein würdiges Denkmal der väterlichen Ordnung, fürwahr.

Ein Tabu kann nur gebrochen werden, wenn sich immer mehr Menschen dazu entscheiden, es einfach zu ignorieren. Solange die Alzheimer-Krankheit in Deutschland zu den Tabus zählt – und das ist so, obwohl man mittlerweile in jedem Bekannten- oder Freundeskreis einen Fall von Alzheimer antrifft! –, bleiben die lebenswichtigen Fragen, wie die nach der Pflege durch Angehörige oder Unterbringung in einem Heim, unbeantwortet.

Sylvia Zacharias, in: »Diagnose Alzheimer: Helmut Zacharias«, 2000

V. Familiensprechstunde

Im Sommer 2009 hält ein 34jähriger Mann eine Rede, die für reichlich Aufsehen sorgt. Der Anlass ist bedeutsam – und bedeutend ist der Rhetor auch, immerhin derzeit einer der erfolgreichsten Erzähler im deutschsprachigen Raum. Ganz in Schwarz gekleidet, rechnet der Schriftsteller Daniel Kehlmann am Morgen des 25. Juli in der ehrwürdigen Felsenreitschule zu Salzburg mit den Grillen des Regietheaters ab, nutzt die Publizität der Festspieleröffnung, um, zärtlich, melancholisch, seines 2005 in Demenz verstorbenen Vaters Michael zu gedenken, des großen und bald vergessenen Theater- und Fernseh-Regisseurs, der sich – denken wir an seine Joseph-Roth-Verfilmungen – eines eher werktreuen Stils der Umsetzung verpflichtet sah und darum, sagt Daniel Kehlmann, aus der Mode, unter die Räder der Zeitläufte geriet. Das will der Filius endlich einmal vor großem Publikum beklagen. *Eher ist es möglich, unwidersprochen, den reinsten Wahnwitz zu behaupten, eher darf man Jörg Haider einen großen Mann oder George W. Bush intelligent nennen, als leise und schüchtern auszusprechen, dass die historisch akkurate Inszenierung eines Theaterstücks einfach nur eine ästhetische Entscheidung ist […], auf keinen Fall aber ein per se reaktionäres Unterfangen.*

Über des Sohnes holzschnittartige, bekennend subjektiven Thesen zum Regietheater mag und sollte gestritten werden, je lebhafter desto besser. Welch eine Chance! Aber statt einer aufregend zornigen Debatte folgt im Feuilleton zumeist ein muffiges, bestenfalls mit gelegentlichen Floskeln des Mitleids garniertes Psychologisieren. Daniel Kehlmann wird, bevor er sich versieht, umgenietet, flachgelegt. Ab auf die Couch! *Ohne Zweifel*, deutet der diensthabende Analytiker der *Welt*, Ulrich Weinzierl, *war es für den Sohn traurig und schmerzhaft mitzuerleben, dass und wie die Zeit über den Vater hinwegging, dass er ins Abseits geriet, allmählich »unmodern« wurde. Das Prinzip der sogenannten Werktreue hat für ihn dadurch eine außerordentliche, emotional stark besetzte Bedeutung erlangt.* Was wiegt die Diskussion einer, mag ja sein, kühnen Thesis gegen die Inszenierung einer herzrührenden Familien-Soap! Die Lindenstraße hat das Feuilleton erreicht. Innige Umarmung.

Die Kehlmann-Tragödie, titelt *Der Freitag*, der die Festspieltage mit einem boulevardesken Schurkenstück zu bereichern trachtet. Nein, der Monolog von Kehlmann junior sei, anders als dies der Redner habe glauben machen wollen, kein trauernder Liebesbeweis, sondern im Gegenteil, ein Akt durchtriebener Rache. Wie das? Ist doch ganz einfach. Hat Michael, der Vater, nicht einst zum Daniel-Sohn gesagt, dass ein Regisseur, der auf sich halte, erst einmal dem Werk des Autors zu dienen habe? Und ist's ein Zufall, dass der Sohn just diese Maxime in seiner Rede an der Salzach noch einmal wiederholt hat? Carl Hegemann, eigentlich Künstler, Professor für Theater und Musik an der Hochschule Felix Mendelsohn Bartholdy zu Leipzig, der Kritiker des Wochenblatts aus Deutschlands Osten, holt aus zum analytischen Hammerschlag. Daniel ist doch selber Autor geworden. Warum wohl? Ertappt! *So gelingt es ihm, sich den Vater zumindest virtuell zu seinem Knecht zu stilisieren, der Vater unterwirft sich dem Sohn, wie sich der Regisseur dem Autor unterwirft.* Endlich geschafft, den übermächtigen Vater bezwungen. Söhne, Prominentensöhne schon gar, wollen doch stets nur das eine: Rache nehmen an dem, der sie in die Welt setzte und dann in den Schatten stellte. Hegemann vom *Freitag* jedenfalls scheint geradezu verzückt von seiner Hobbyexploration des Unbewussten: *Erst der schwache Vater ermöglicht die Stärke des Sohns und ermöglicht dessen Erfolg.* Soll er sich doch gleich Parricida nennen. Bewiesen ist nichts. Gelobt sei der muntere Verdacht!

Dem jungen Seelenkundler Erich Fromm kam schon 1930 das große Grausen, als er sich, beim Auswerten des Fakultätsgutachtens zum Halsmann-Prozess, mit den deutenden Laien in Freuds Gefolgschaft konfrontiert sah. *Wenn die Psychologie zur Klärung eines Tatbestandes herangezogen wird, dann ist zu fordern, daß wenigstens ein Teil der Sachkenntnis vom Fachmann verlangt wird, wie sie bei einem chemischen oder medizinischen Problem selbstverständlich ist. Aber selbst diese recht bescheidene Forderung ist vorläufig wohl nur eine Utopie – und nicht nur in Innsbruck!*

Wohl wahr: Nicht nur damals in Innsbruck! Die Polemik des 30jährigen Erich Fromm gegen die Blase der Fachfremden führt mich zur eigenen Geschichte zurück, zum Schauprozess um mein Buch, zum Totschlagargument der Zeitungspsychologen, ich hätte den eigenen Vater vorgeführt, dem Gespött der Leute preisgegeben, kurz: kleingemacht, *waidwund geschossen*, ermordet also – aus niederem Beweggrund – um endlich einmal selber zur Geltung zu kommen.

Sie treiben ihre verwegenen Fallstudien: Ödipus im Hause Jens! Das ist ja *gar kein Buch*, triumphiert der Berichterstatter von der *Berliner Zeitung*, das ist *der Offenbarungseid eines in der Beziehung zu seinem Vater gescheiterten Sohnes*, für die Kollegin von der *Zeit* ist's der *Beweis einer enttäuschten, irregeleiteten Liebe.* In den anmaßenden Spekulationen steckt nicht einmal ein Funken Wahrheit. Die Liebe zu meinem Vater ist nicht irregeleitet, unsere Beziehung nicht gescheitert. Doch was zählt – unter hartgesottenen Psycho-Freaks – schon die Selbstwahrnehmung des Delinquenten? Der ist ein armer Teufel, in den Augen des Skribenten der *Stuttgarter Zeitung* – schlicht und infam – *ein nicht gefühltes Kind.* Das ist nicht nur stilistisch kühn. Aber wen kümmert's?

Das Feuilleton hält Familien-Sprechstunde. Schon die Widmung liefere, lese ich, besorgniserregende Indizien. Ja, das Buch ist *Für Mami*, also meiner Mutter dediziert, die mir, als sich das Leben im Tübinger Elternhaus durch die beginnende Erkrankung meines Vaters dramatisch veränderte und dort existentielle Entscheidungen zu treffen waren, so vertraut und nah geworden ist wie vielleicht nie zuvor, was freilich – prophylaktisch gesagt – wiederum auf kein tiefenpsychologisches Seelendrama verweist.

Aber das Schicksal will es, dass der Kelch der 68er an mir vorüberzog, meine Erzeuger – beide, schwer zu leugnen, Freunde bürgerlicher Umgangsformen – zur Manifestation eines neuen, partnerschaftlichen Miteinanders irgendwann beim Vornamen zu nennen.

Also sage ich, shame on me, bis heute nicht Inge und Walter, sondern Mami und Papi, so wie andere Mutti und Vati, Mum oder Paps, auch wenn das Ulrich Seidler, der für die *Berliner Zeitung* die einschlägig bekannten Komplexe ergründet, verdächtig regressiv und *sehr unangenehm* findet. *»Mami«, das sagt man eigentlich schon nicht mehr, wenn man seine Mutter Kindergartenfreunden vorstellt.* Soll er doch zu den Seinen Hermann und Dorothea oder Tristan und Isolde sagen. So ganz sicher bin ich mir nicht mehr, wer da einen an der Waffel hat, aber vielleicht sollte ich es, zur Besänftigung der Freunde aus dem Feuilleton, in der Taschenbuch-Ausgabe einmal mit der Zueignung *ad matrem meam* versuchen.

Die Probleme der Kollegen möchte ich haben. Wir, die Familie, die langjährigen Freunde, müssen Abschied nehmen von einem Mann, der noch lebt, der gepflegt, in Windeln gelegt werden muss, der eher konfabuliert, als dass er in für uns erkennbaren Zusammenhängen spricht, der scheinbar unvermittelt weint oder lacht – und, selbst wenn ihm elend zu Mute ist, einen gesegneten Appetit hat. Irgendwann wird er tot sein. Aber das wird nur der Schlussakkord eines langen, langen Trauermarsches sein. Wie hat Jonathan Franzen in seinem Essay über das Alzheimersterben des Earl Franzen geschrieben: *Als das Herz meines Vaters aufhörte zu schlagen, hatte ich schon viele Jahre um ihn getrauert.*

Und weil dieser quälend langsame, manchmal endlos scheinende Prozess des Verlöschens nicht ehrenrührig ist, weil ein Vater eben nicht nur Herr und Gebieter im Lutherschen Sinne ist, sondern auch ein Recht auf Schwäche, Gebrechlichkeit, aufs Nimmer-Funktionieren hat, habe ich diesen Abschied öffentlich genommen. Und ich würde es, der Aburteilung durch den Medien-Gerichtshof zum Trotz, wieder so tun. Das Beschweigen einer Krankheit, die im Jahr 2020, prophezeit die Statistik, allein in Deutschland über 2 Millionen Menschen am Ende ihres Lebens das Gedächtnis rauben wird, wäre mit Gewissheit kein Dienst der Nächstenliebe.

Die Medizin-Fachjournalistin Sylvia Zacharias hat im Jahr 2000 einen ergreifenden Text über ihren alzheimerkranken Vater Helmut, den legendären Zaubergeiger, geschrieben. Auch sie hat viel einstecken müssen, als sie – noch zu Lebzeiten des prominenten Swing-Violinisten – schmerzhaft genau über dessen Krankengeschichte Auskunft gab, die Symptome beim Namen nannte, wie er das Autofahren, das Musizieren und zuletzt das Sprechen verlernte, die Orientierung verlor, beim Anziehen morgens Hemd und Hose verwechselte. Darf man das tun, den Vater, wie Sylvia Zacharias schreibt, *aus seiner Immunität eines Vorbilds zu entlassen*? Die Tochter hat für sich eine klare Antwort gefunden. *Wenn nun mein Vater als noch lebende Berühmtheit in seiner privaten Rolle als kranker Mensch dargestellt wird, geschieht dies aus dem einzigen Grund, den Mantel des Schweigens, der über die Alzheimersche Krankheit gelegt ist, wegzuziehen und dieser zu der ihr gesundheits- und sozialpolitisch dringend nötigen Aufmerksamkeit zu verhelfen.*

Mein Vater, da bin ich sicher, hätte der Argumentation von Sylvia Zacharias beigepflichtet. Er selber hat doch, als er noch gesund war, gelassen und höchst offen von Freude und Depression gesprochen, über sein Leben und über seine letzte Stunde, so wie er sie sich vorstellte. Der Gang zur eigenen Grabstelle auf dem Tübinger Stadtfriedhof, die er sich vor vielen Jahren ausgesucht hatte: ein liebgewordenes Ritual, gern auch in Begleitung. Krankheiten, auch die eigenen, waren für ihn kein Thema, mit dem man hinterm Berg halten sollte. Wie beklemmend aktuell ist – denken wir an den traurigen Freitod des Torstehers Robert Enke – der Satz meines Vaters, dass *eine Depression nicht ehrenrühriger ist als eine Prostatavergrößerung*. Gilt, was er über das Tabu der großen Traurigkeit sagte, um das er aus eigener Anschauung wusste, nicht erst recht für das Tabu der Demenz und der leider sehr konkreten Veränderungen, die das Leiden mit sich bringt.

Die Literaturredakteurin der *Zeit* aber empört sich, vier satte Spalten lang: *Warum schützt den Vater niemand vor seinem Sohn?* Der habe, so Iris Radisch feinsinnig-pikiert, *Details aus dem Windeleimer* preisgegeben. Details aus dem Windeleimer? Das scheint, was die Exkremente umschreibende Metapher angeht, ein wenig unbeholfen und verklemmt, klingt aber trotzdem richtig schmutzig. Gudrun Norbisrath von der Essener *WAZ* müht sich, den Furor am Hamburger Speersort zu toppen. Die Amazonen zwischen Elbe und Ruhr rufen den Kriegszustand aus. Hier kämpfe einer *seine persönliche Schlacht: der Sohn gegen den lebenslang übermächtigen Vater*, dessen *trauriges Endstadium* von seinem Erstgeborenen mit *perfider Präzision* vorgeführt werde. Dieser Sohn, der *dem Leser die Schamesröte ins Gesicht* treibe, stelle den großen Denker bloß als *kaum mehr achtbaren Kretin. Das ist unerträglich.* Wäre Wegschauen erträglicher?

Ob die rasenden Schreiberinnen eine Zwischenfrage gestatten? Sind Windeln unwürdig, eine Schande am Ende für den, der ohne sie nicht mehr leben kann? Ist, wer in Windeln liegt – wie die Feuilletonchefin aus dem Westfälischen Zeitungshaus selbstdecouvrierend kundtut – *ein kaum mehr achtbarer Kretin*? Längst werden in Deutschland mehr Erwachsenen- als Kinderwindeln produziert. Mein Vater ist, bitter gesagt, seit ein paar Jahren dem auf Geruchsneutralität bedachten Wolkenkuckucksheim des Feuilletons entwachsen, wo man, wie es scheint, immer nur den intellektuellen Zampano wahrgenommen, bestaunt und kritisiert hat, nicht aber den Menschen Walter Jens, zu dessen Leben, dem Himmel sei's geklagt, leider auch ein trauriges, langes Sterben gehört. Ob manch wütende Kritik am Ende mehr über den Horizont des Kritikers als über den kritisierten Text verrät? Fragen wird man dürfen.

Ich hingegen muss mich fragen, ob, wer für sich in Anspruch nimmt, über ein tabuisiertes Leiden informieren zu wollen, dazu partout die *Bild*-Zeitung braucht. Die vierteilige Serie dort mit Auszügen meines Buches, meint Kollege Stephan Maus vom *Stern*, ließe sich *als häppchenweiser Vatermord lesen*. Nein, das war es gewiss nicht. Aber die Irritationen kann ich verstehen. Das Sprachrohr des gesunden Volksempfindens ist nicht eben für sein Taktgefühl gegenüber den Kranken und Schwachen bekannt; kein *Bild*-Verantwortlicher hat sich etwa je für die tödliche Story über Raimund Harmstorf entschuldigt. Der Schauspieler und einstige Zehnkampfmeister, titelte das Blatt, sei in der Psychiatrie gelandet. Große Sensation. Als ob's eine Schande wäre – der alte Bildschirm-Seewolf litt an Parkinson. Die Veröffentlichung in der populistischen Postille des Springerkonzerns hat Harmstorf keine 24 Stunden überlebt. In der Nacht vom 2. zum 3. Mai 1998 erhängte er sich auf dem Dachboden seines Bauernhofs.

Die Geschichte ist, wie bekannt, nur *ein Bild*-Skandal von vielen – und doch hat der angewiderte Fingerzeig auf den Springer-Boulevard auch etwas Bigottes. Kollegen, die alten Feindbilder greifen nicht mehr, sind zumindest unscharf geworden, spätestens als Hans-Hermann Tiedje, der Bulle von Schleswig, 1991 den *Umfaller* Helmut Kohl in der Horizontalen über Seite 1 legte und so die Entente cordiale zwischen *Bild* und Union aufs Empfindlichste störte. Es mag traurig sein, aber die Zeiten sind perdu, da sich der Blätterwald so wohltuend schlicht in Gut und Böse aufteilen ließ: hier, wie von Heinrich Böll in seiner Erzählung *Die verlorene Ehre der Katharina Blum* grandios beschrieben, Werner Tötges und seine Mannen, die für *die Zeitung* über jede Leiche gehen, dort die Hüter des journalistischen Reinheitsgebots, die beinharten Aufklärer mit dem ewig stress-gelockerten Krawattenknoten, die einsamen Rufer in der Bleiwüste der *Zeit* oder der *Süddeutschen* aus München.

Die Medienwelt war so schön einfach in Edelfedern und Gossenschreiber unterteilt. Allein, auch dort scheinen die Grenzen verschoben. Die journalistischen Seichtgebiete haben sich ausgedehnt – und auch den für immer unfruchtbar geglaubten Trockenzonen entwächst vereinzelt ein Baum, nun ja: ein zartes Pflänzlein der Aufklärung zumindest. Franz-Josef Jung zum Beispiel, Angela Merkels Verteidigungs-Minister a.D., wäre vermutlich noch immer Mitglied des Berliner Kabinetts, hätte neben der *Süddeutschen* nicht auch *Bild* dessen Verschleierungsmanöver nach dem Bundeswehr-Bombardement in Kundus mittels einer hartnäckigen Recherche an den Tag gebracht.

Und wer war es, der die *unkluge und inakzeptable* Abwahl des unabhängigen ZDF-Chefredakteurs Nikolaus Brender durch einige Unionsfürsten mit den Worten kritisierte: *Eine Gruppe um Roland Koch nutzt ihre Rolle im Verwaltungsrat des von den Gebühren der Bürger finanzierten ZDF frei nach dem Motto: Jetzt sind wir mal dran?* Das schrieb in *Bild am Sonntag* kein Geringerer als Matthias Döpfner, der Vorstandsvorsitzende der Axel Springer AG. Die Fronten zwischen den publizistischen Lagern verwischen – und manch Chefredakteur einer bedeutsamen Tageszeitung wäre – jedenfalls im Geheimen – vermutlich dem Himmel dankbar, könnten seine

Kommentatoren ähnlich prägnant und provozierend ungerecht, gelegentlich hart an der Grenze des guten Geschmacks, formulieren wie der nicht eben geläuterte Regensburger Domspatz a.D., Franz Josef Wagner, der *Gossen-Goethe,* der tägliche Post-Aussender von *Bild.*

Das oft zitierte Blatt, das keiner wirklich mag (aber muss man eine Tageszeitung eigentlich lieben?), ist längst morgendliche Pflichtlektüre von Journalisten jeglicher Couleur. Aber natürlich nur, um die eigene Abscheu anzuheizen und danach pflichtgemäß die Nase zu rümpfen und mit großer Trompete viel Moralinsäure ins Kommentatoren-Schnupftuch zu schneuzen. Wie kann man nur mit Diekmann und Konsorten! *Das Schlimmste ist*, erschaudert der Kritiker der *Berliner Zeitung*, den schon die Widmung *Für Mami* an den Rand des Wahnsinns trieb, *dass Tilman Jens die Vorabdruck-Rechte an die Bild-Zeitung gegeben hat. [...] So landete der Germanist, Schriftsteller und ehemalige Akademie-Präsident mehrmals in direkter Nachbarschaft zu Franziska, dem frischbrüstigen Bild-Girl 2009.* Die kleine Serie in *Bild*, sekundiert Iris Radisch, in Keuschheit errötend, werde *in ihrer Verschwurbelung von merkantilen und exhibitionistischen Interessen nur von den nackten Brüsten der Bild-Zeitungsleserinnen auf der ersten Seite des Blattes überboten.* Die ruchlose Gazette, lernen wir, wird zu allem Überfluss auch noch im Lichtkleid studiert.

Merkantile Interessen? Ich habe vom Springer-Konzern nachweislich keinen Cent erhalten. Und das ist gut so, bleibt aber unerwähnt. Ob sich die journalistische Tugendwächterin aus dem *Zeit*-Feuilleton wohl auch den langjährigen Herausgeber ihres Blatts, Helmut Schmidt, zur Brust genommen hat, weil der's seiner die weltweite Flora schützenden Loki durchgehen ließ, ihre Erinnerungen, nicht zuletzt an die schon zu Pennälerzeiten entbrannte Liebe zum Mann mit der Prinz-Heinrich-Mütze, ausgerechnet in der sündigen *Bild*-Zeitung vorabzudrucken?

Und was meinen Vater betrifft, der hatte schon immer ein eher entspanntes Verhältnis zur Nacktheit, dem wäre – und ist! –, da bin ich mir sicher, der blanke Busen eines Bild-Mädels allemal lieber gewesen als der bare Unsinn, den nun mancher über seine Familie verzapft. Der kannte wenig Scheu vor den vermeintlichen Niederungen des Boulevards. Und war, seines Gelehrtendaseins zum Trotz, ein passionierter Dem-Volk-aufs-Maul-Schauer, der sich gern von Paul Sahner überreden ließ, in der Burda-*Bunten,* dem Zentralorgan des bundesweiten Klatsches, Rückschau zu halten auf die Höhepunkte und Tiefschläge des abgelaufenen Jahres.

Den Liberalen Westerwelle fand er ziemlich peinlich, aber dessen Stipp-Visite damals bei den Insassen des Big-Brother-Containers, die konnte er durchaus verstehen. *Zunächst einmal: Bei »Big Brother« heißt ein Redakteur Christoph Jens und ist mein Sohn. Man soll nicht die Nase rümpfen über Menschen, die sich Schauplätze aussuchen, von denen aus sie vielleicht wirksamer werden können als in einer illustren Diskussionsrunde.* Und einzig deshalb, der Wirksamkeit wegen, hat die *Bild*-Zeitung, allem Bauchgrimmen zum Trotz, den Zuschlag bekommen, als es darum ging, einige Auszüge eines Textes zu publizieren, der einen Beitrag leisten wollte zur Diskussion eines, wie sich zeigt: auch unter aufgeklärten Zeitgenossen, noch immer mit Attributen der Scham überhäuften Leidens, stigmatisiert als Seuche im Hirn, die der Quarantäne bedarf und überhäuft wird mit düsteren Bildern der Angst, so wie von Susan Sontag in ihrem grandiosen Essay *Krankheit als Metapher* paradigmatisch beschrieben. *Jede Krankheit, die man als Geheimnis behandelt und heftig genug fürchtet, wird als im moralischen, wenn nicht wörtlichen Sinn ansteckend empfunden.* Das Infektions-Risiko scheint sich zu potenzieren, wenn da ein Denker vor dem Herrn verkümmert und die irrige Hoffnung, Brainjogging könne am Ende vor Alzheimer schützen, mit einem dumpfen Knall implodiert. Oma und Opa können sich die Ausgabe für das Kreuzworträtsel-Heft ersparen.

Natürlich sind wir alle – wie heißt es so schön? – für *brutalst mögliche Aufklärung* der Volkskrankheit, für Pharma-Forschung (denn die hilft bekanntlich gegen alles), für ein augenblickliches, nebenwirkungsfreies Wundermittel. Aber wehe, es wird konkret und schmerzhaft, wehe, die Krankheit rückt in bedrohliche Nähe. Wenn mein Vater tot wäre, hätte sich ja vielleicht drüber reden lassen, dann wäre das Leid Vergangenheit. Aber mein Vater lebt – und mit ihm lebt seine Demenz. Es leben seine leeren Blicke, seine hilflosen Worte. Es lebt auch seine oft kindliche Freude, wenn er Besuch bekommt, wenn das Essen schmeckt, wenn sein einstiger Student Kurt Oesterle mit seinen Büchern anrückt, um seinem alten Lehrer vorzulesen.

Angefangen haben die beiden mit den Evangelien (in der hauseigenen Übersetzung, versteht sich, auf dass ihm vielleicht doch die eine oder andere Formulierung vertraut erscheine), mit Gedichten seines alten Freundes Peter Huchel, dessen Westkonto er treuhänderisch verwaltete, bis der 1971 aus der DDR ausreisen konnte. Nach Huchels *Dezember 1942*, er will es gleich zweimal hören, sind die Schwaben Hölderlin und Uhland an der

Reihe; mittlerweile hat die kleine Exkursion durch die Weltliteratur das Tor zu Dantes *Hölle* erreicht.

Durch mich geht man hinein zur Stadt der Trauer
Durch mich geht man in der verlornen Zelle
Durch mich geht man zum Leiden ewiger Dauer.

Den Sinn der Worte kann er nicht mehr fassen, aber der Rhythmus der Sprache scheint ihn zu berühren. Mit Musik, zu der er nie einen tief emotionalen Zugang hatte, darf man ihm nicht kommen. Aber dass Bücher klingen können, hat er anscheinend nicht vergessen. Ganz ruhig und entspannt hört er zu, die Augen meist geschlossen.

Ist der alte Mann mit dem ungewohnt kurz geschorenen Haar und seiner kindlich gewordenen, aber oft noch immer höchst durchsetzungsfähigen Sprache wirklich ein *kaum mehr achtbarer Kretin*, um noch einmal die Menschenfreundin von der *WAZ* zu zitieren? Sein Dasein ist hart, würdelos ist es nicht. Aber, um das zu begreifen, muss man es vielleicht erst selber aus nächster Nähe erleben.

Auch ich hätte mir noch vor ein paar Jahren nicht vorstellen können, meinen Vater in diesem Zustand zu ertragen. Ich habe es gelernt. Und auch selber, bei allem

Schmerz, Einiges für mich profitiert. Das Verhältnis zu Krankheit und Schwäche, zum Nichtfunktionieren in einer auf Funktionalität getrimmten Gesellschaft verändert sich heilsam, wenn man das traurige Glück hat, einen Vater zu haben wie den meinen.

Warum so viel Angst? So viel Abwehr? So viel Verleugnung des Todes? Wird die Erinnerung an die Zeit, da mein Vater gesund und in vielem ein anderer war, durch ein Buch beschädigt, das seine letzten Stationen nachzeichnet? Ist die Veröffentlichung einer in vieler Hinsicht exemplarischen Krankenakte tatsächlich Vatermord – und wäre, andersherum, das Verstecken seiner schweren Demenz ein Beweis der Vaterliebe? Worin, bittschön, liegt das Verbrechen?

Auch meine über 80jährige Mutter hat nicht knapp Prügel bezogen, als sie 2008 in einem Interview mit dem *Stern* recht ungeschönt über die Veränderungen in ihrem Leben, in ihrer Ehe Auskunft gab, eigene Verletzungen beschrieb, eine Liebe, die der Barmherzigkeit gewichen sei – und keineswegs verhehlte, dass sie für ihren Mann, der nicht mehr der sei, den sie einst liebte, hoffe, er möge alsbald einfach nicht mehr aufwachen. *Das Interview der Inge Jens ist eine Infamie*, sprach Christian Gampert im Deutschland-Radio und geißelte über den Äther – *aufs Schärfste*, wie denn auch sonst? – *die*

Unfähigkeit der Familie, zu bestimmten Themen – sagen wir es mit Luther – das Maul zu halten.

Der Mann ist wenigstens ehrlich und fordert, was, meist geschickt verklausuliert, ach-so-viele fordern: das umfängliche Beschweigen des *bestimmten Themas*, wie Gampert das elend langsame Sterben meines Vaters nicht eben lutherisch präzise zu umschreiben sucht. Aber Demenz oder gar Alzheimer sind nun einmal keine schönen Worte.

Nur: Just so, durchs wohlfeile Maulhalten, sehen sich Millionen, die mit ihrer Desorientierung ohnehin geschlagen sind, noch ein weiteres Mal ausgegrenzt durch all die *Straf- oder Gefühlsphantasien*, die sich noch immer mit der Krankheit verbinden und deren fatalen Mechanismen Susan Sontag in ihrem Essay so vehement beklagte. Die Patienten werden in die Tabuzone des Nicht-Mehr-Appetitlichen gedrängt, alleingelassen, abgeschnitten vom Alltag, von den wenigen Resten der Erinnerung, die ihnen noch geblieben sind.

Der schlichte Satz, den mancher Redakteur aus dem Schöngeist-Ressort dennoch nicht fassen kann, dass nämlich Demenz keine Schande, sondern eine Krankheit ist, mag eine Plattitüde sein, eine Politikerphrase, aus der Schublade gekramt jedes Jahr am 21. September, dem Weltalzheimertag, dem Erinnerungsdatum zum Vergessen. Aber wie weit wir entfernt sind von einem auch nur halbwegs unbefangenen Umgang, das erleben tagtäglich Zigtausende. Hat es einen Prominenten getroffen, gesellt sich zum peinlichen Berührtsein noch eine gehörige Portion Enttäuschung, die bisweilen hysterische Züge annehmen kann. *Idole leiden nicht*, hat Sylvia Zacharias sarkastisch geschrieben. Das Idol darf nicht sterben. Aber die Violine wird nie wieder schluchzen, des Rhetors Katheder für immer verwaisen. Die hartnäckigen Verehrer sehen sich um das Objekt ihrer Bewunderung betrogen und können's nicht fassen. *Die Krankheit erscheint als moralisch und ästhetisch anstößig, sie zerstört die Illusion der Vollkommenheit.*

Ja, die Angst ist gewaltig. Es könnte uns – und wird uns vermutlich! – bald selber treffen. Alzheimer, heißt es, sei erblich. Die These ist in der Wissenschaft äußerst umstritten. Die quälenden Fragen aber bleiben: Wie wird es sich leben mit einem Hirn, das unaufhaltsam verklebt und verstopft? Wer wird mich ohne Gedächtnis ertragen und wer alsbald die Flucht ergreifen, wenn ich nicht mehr bin, wer ich war? Beklemmung, Hilflosigkeit auf allen Seiten.

Es scheint bezeichnend, dass selbst das *Ärzteblatt*, immerhin die offizielle Publikation der Bundesärztekammer, unseren offensichtlich irritierend freien Umgang mit der Krankheit des prominenten Patienten brandmarkt. *Man muss Walter Jens nicht mögen, um den Umgang seiner Familie mit ihm, nachdem er hochgradig dement ist, geschmacklos zu finden.* Demenz ist also eine Frage des guten Geschmacks. Demenz gehört einfach nicht in die Öffentlichkeit. Heult Euch doch in Euren Selbsthilfegruppen aus. Das sei der einzig geeignete Platz – rät das Standesblatt der deutschen Medizinmänner –, um sich bei Bedarf *gegenseitig zu stützen*. Aber bittschön nicht in der Öffentlichkeit. Bleibt uns vom Hals mit Eurem Leid!

Geprügelt sei der Bote. Dessen Abschied in Trauer ist ja eh nur geheuchelt, *ein falsches Spiel*, in Wahrheit hat der Filius doch einzig abrechnen wollen mit dem übermächtigen Senior, weil er dem halt nicht das Wasser reichen kann. Ein ebenso krimineller wie psychopathologischer Fall, so wie Prominentensöhne eben sind, zerfressen von *verzweifeltem Ungenügen, dem übermächtigen Erzeuger beizukommen*, befindet, vor Tübingens Ehrenbürger gehorsamst salutierend, der Kollege Triebold, der Kulturredakteur vom *Schwäbischen Tagblatt*. Woher nimmt er eigentlich die Gewissheit, dass ich an meinem Vater verzweifelt bin? Ich bin den mir Ungenügen attestierenden Schreiber meines Wissens niemals begegnet. Er hat keine Ahnung. Aber wenn's um die Söhne geht, scheinen Schnell-Diagnosen aus der Ferne zu genügen.

Ab auf die Couch, ran an den Übervater! Es gibt schließlich Kleenextücher. Friedrich Schorlemmer – er ist nun einmal eine besorgte Seele – rät mir, jetzt zur Abwechslung übers Radio, endlich über meine ödipalen Komplexe nachzudenken. Er versteigt sich zu der abenteuerlichen These, ich hätte die Demenz meines Vaters als *Konsequenz nicht eingestandener Schuld* gedeutet. Und eben das findet der Pfarrer aus der Lutherstadt, noch bevor er das Buch gelesen haben kann, vorab schon einmal *unerträglich*. Kann ja nichts schaden. So kommt man in die Agenturen.

Doch zugegeben: Die Beschuldigung eines Schwerstkranken, eines Verwandten zumal, wäre in der Tat schwer erträglich. Allein: Das habe ich niemals getan. Es ging nicht um Schuld, als ich das eigentümliche Einhergehen des Ausbruchs der Demenz-Erkrankung meines Vaters mit dem Bekanntwerden von dessen NSDAP-Mitgliedschaft benannte. Wenn etwas seinen Gesundheitszustand entscheidend verändert hat, dann war es subjektiv empfundene Scham. Der Unterschied müsste einem Volltheologen begreiflich sein. Die Frage der psycho-sozialen Ursachen der Demenz taugt für keine Scharmützel, schon gar nicht zur Illustration einer verwegenen Vatermord-Theorie.

Ich habe aus der Nähe miterlebt – und dabei nun

wahrlich kein Triumphgefühl, sondern einzig Trauer verspürt –, wie mein damals 80jähriger Vater im November 2003 psychisch zusammengebrochen ist, als sein Eintritt in die NSDAP im Herbst 1942, durch ein Lexikon, aber gewiss nicht durch seinen Ältesten, öffentlich bekannt – und von der *taz* bis zur *Welt* mit Entgeisterung, Entsetzen, gelegentlich auch mit beißendem Spott kommentiert wurde. Durch laute Schelte taten sich gerade jene Blätter hervor, die nun meine Überlegungen zu einem möglichen Zusammenhang zwischen dem Bekanntwerden seiner Parteigenossenschaft und dem signifikant zeitgleichen Ausbruch seiner Krankheit aufs Unversöhnlichste verteufeln.

Fakt ist: Der Fund einer Mitgliedskarte im Keller des Bundesarchivs in Berlin-Lichterfelde hat Fragen aufgeworfen, denen sich mein Vater, damals 80, nicht mehr stellen mochte. Der NSDAP-Beitritt eines 19jährigen wäre, für sich genommen, kaum der Erwähnung wert. Warum aber hat er, der für so viele ein moralisches Gewissen der Republik war – nie ein Sterbenswort verloren über die eigene Verführbarkeit einst, obwohl er sich doch sonst so präzise, auch in der Öffentlichkeit, an seine Jugend im Dritten Reich zu erinnern wusste, an seine jüdischen Mitschüler, seinen antifaschistischen Lateinlehrer Fritz, an Mutter Anna, die aufrechte Widerständlerin, vor allem.

Was kann er noch tun? Mein Vater hat im November 2003 gespürt – und eben das habe ich in meinem Buch formuliert –, *so wie bisher, als unangefochtene Instanz, wird er kaum weiterschreiben, weiterreden, weiterleben können.* Das war, bei aller eigenen Enttäuschung über sein privates und öffentliches Schweigen, keine Häme, keine Abrechnung. Aber die Krankenakte Walter Jens sollte nicht verschweigen, was in ihm vorgegangen, zerbrochen sein muss damals, als die Demenz, nach Auskunft seiner Ärzte teils vaskulär, teils Alzheimer-bedingt, unaufhaltsam Besitz von ihm ergriff. Natürlich hat er keinen Schalter im Hirn umgelegt, natürlich sind Ausbruch und Verlauf einer Demenz nicht mechanistisch steuerbar (das habe ich auch niemals behauptet) – aber an eine reine Zufälligkeit kann ich, angesichts der frappierenden zeitlichen Koinzidenz, schwer glauben.

Nein, die These, dass der Ausbruch der Krankheit auch seine seelischen Wurzeln haben kann, ist nicht die fixe Idee eines rachsüchtigen Sohnes, entspringt keineswegs, wie der verdiente Rechtsgelehrte Uwe Wesel öffentlich argwöhnte, einer auf Verleumdung bedachten *Hirnforschung im Hause Jens.* Gewiss, die wissenschaftliche Erforschung dieser psychischen Komponenten steht noch am Anfang, aber etwa in der Studie der Demenz-Spezialisten Thorsten Ehrhardt und Anita Plattner [6], durchgeführt im Rahmen eines Forschungsprojekts der Ludwig-Maximilians-Universität München, ist Aufschlussreiches über die psychosomatischen Aspekte der Demenz zu lesen: *Zwar ist die Pathogenese der Symptome auf die degenerativen Veränderungen im Gehirn zurückzuführen. Die Krankheitsursachen, wie immunologische Vorgänge, Stoffwechsel und Alterungsvorgänge werden aber wesentlich durch psychische Faktoren moduliert.*

Eben das hat der amerikanische Psychiater Leon Eisenberg schon 1995 in seinem damals bahnbrechenden Aufsatz *The Social Construction of Human Brain* eindrücklich bestätigt. Die Architektur des menschlichen Gehirns werde, so der im September 2009 verstorbene Forscher der Harvard University, ganz wesentlich von Signalen aus der sozialen Umgebung, von konkreten lebensgeschichtlichen Erfahrungen bestimmt. Da gäbe es ganz fraglos Zusammenhänge, die gerade für die Anamnese der Alzheimerkrankheit von elementarer Bedeutung sind: *No less evident is the role of psychosocial factors in Alzheimer's disease.*

[6] Es ist lohnend, sich mit den wissenschaftlichen Arbeiten über die psychosozialen Hintergründe dementieller Erkrankungen zu beschäftigen. Wer Interesse daran hat, sei auf das Literaturverzeichnis am Ende verwiesen.

Es war verstörend zu beobachten, wie mein Vater, der einstige Gedächtnis-Virtuose, sehr bald nach dem Auftauchen der vergilbten Karteikarte die Kontrolle über sein Erinnerungsvermögen verlor. Die Depressionen kehrten zurück, der Konsum an Benzodiazepinen stieg besorgniserregend. Er hat nach der *PG-Affäre*, wie er es nannte, kaum noch etwas geschrieben, er, dem das Schreiben, wie er so gern sagte, gleichbedeutend mit Atmen war. Mitte 2004 machten sich die ersten Ausfalls-Erscheinungen, die ihm so schrecklichen Wortfindungs-Störungen, die Vorzeichen des Verdämmerns erstmals bemerkbar.

Er hat, anders als so viele Patienten im Frühstadium der Krankheit, niemals versucht, seine Vergesslichkeit auch nur im Ansatz zu kaschieren. Er gab sich seiner Verzweiflung hin. Kein Merkzettel, keine Ausreden. Er wollte nicht mehr. Er, der alte Medien-Profi, wusste – weit früher, als wir lange dachten –, was auf da auf ihn zukommen wird. Aufgefundene Briefe an den Herausgeber des Germanisten-Lexikons, das seine Mitgliedschaft in der NSDAP erstmals verzeichnete, belegen zweifelsfrei, dass er bereits ein Jahr, bevor der *Fall Walter Jens* im November 2003 bundesweiten Schlagzeilen machte, über den Fund im Document Center informiert war. Ein Jahr hat er in Angst gelebt – und ein Jahr lang diese Angst mit immer mehr Psychopharmaka hinuntergespült. Wer wird den Eintrag als erster entdecken? Die drohende Publizierung muss ihn endlos gequält haben. Selbst meiner Mutter, mit der er sonst alles besprach, hat er kein Sterbenswort gesagt. All das ist Teil einer Krankengeschichte, die, da habe ich wenig Zweifel, zumindest anders verlaufen wäre ohne die späte Entdeckung einer verschwiegenen, auch wenn per se harmlosen Jugendsünde.

Die lang unbeachteten Zusammenhänge von dementieller Erkrankung und lebensgeschichtlichen Traumata hat in Deutschland über Jahre der Neurobiologe Joachim Bauer, Professor für psychosomatische Medizin an der Universität Freiburg, verfolgt. Die Erklärung des Leidens, das ist seine zentrale Erkenntnis, darf sich nicht einzig auf Hirnbefunde stützen, sondern muss auch den biographischen Erfahrungen des Patienten Rechnung tragen. Eine empirische Studie, basierend auf genauen Fallstudien, langen Gesprächen mit Patienten und deren Angehörigen, führte zu einem fürwahr erstaunlichen Ergebnis: *Relativ kurze Zeit, etwa ein halbes bis zwei Jahre vor Beginn erster klinischer Zeichen der Demenz, fand sich bei vielen Erkrankten ein schweres Belastungsereignis*: eine nicht beherrschbare Stress-Situation, der Wegfall einer bislang vorhandenen Unterstützung. Den wissenschaftlichen Beweis bleibt Bauer nicht schuldig. In einem eindrücklichen, auch für medizinische Laien wohltuend verständlichen Referat etwa hat er 2003 auf einem Kongress, der sich mit ethischen Fragen der tabuisierten Volkskrankheit befasste, die Funktionsweise und Störanfälligkeit der rund 20 Milliarden Nervenzellen im menschlichen Gehirn erklärt, die Beschaffenheit der 20 Milliarden Neuronen, die über Wohl und Weh eines jeden Menschen entscheiden.

Um die so feindselig geführte Diskussion über die Anamnese der Krankheit meines Vaters zu versachlichen, um, bei aller gebotenen Vorsicht, zu zeigen, dass meine Wahrnehmung sehr wohl in jenes Krankheitsbild passt, das Forscher von Rang in ihren Studien zeichnen, werde ich Joachim Bauer, mit dessen Genehmigung, ausgiebig zitieren, der in einem Aufsatz, bevor er sich den einschlägigen Defekten widmet, die Konditionierung des menschlichen Zentralnervensystems erläutert. *Das Gehirn lässt Denken und Fühlen, Wahrnehmen und Beurteilen, Planen und Handeln durch eine Arbeitsweise geschehen, die auf einer einheitlichen Grundregel beruht: Alle mentalen Operationen werden durch Verbindung von Nervenzellen (oder von Nervenzell-Gruppen) ermöglicht. Diese Verbindungen werden durch Fortsätze vollzogen, die jede Nervenzelle in ihr näheres und in ihr weiteres Umfeld schickt. An den Enden dieser Fortsätze befinden sich kleine Kontaktflächen, die Verbindung zu einer anderen Zelle haben und eine sogenannte Synapse bilden.*

Diese Synapsen sind nun für jedwede Informationsübertragung verantwortlich. Durch Nerven- und Botenstoffe wird das Aktionspotential an die nachfolgende Zelle weitergeleitet. Auf solchen Verbindungen *beruhen alle geistigen Vorgänge, von einfachen Wahrnehmungen angefangen bis hin zur Fähigkeit, komplexe oder abstrakte Vorstellungen und gedankliche Operationen auszuführen. Komplexe Wahrnehmungen und Vorstellungen beruhen auf synaptischen Verschaltungen von Nervenzellen zu Nervenzell-Netzwerken.*

All das war in den Grundprinzipien schon Charles Scott Sherrington bekannt, dem britischen Pionier der Neurophysiologie, der 1897 den wissenschaftlichen Begriff der Synapse prägte. Weit neueren Datums sind freilich jene Untersuchungen, die sich der Erschütterbarkeit des äußerst fragilen Leitungssystems widmen. Und just hier setzt Bauer an. *Eine große Zahl faszinierender neurobiologischer Studien der letzten Jahre hat folgendes gezeigt: Synaptische Verbindungen zwischen den Nervenzellen der Hirnrinde sind keine festinstallierte Hardware. Synapsen entstehen und bleiben nur dann erhalten, wenn sie auch gebraucht werden. Synaptische Aktivität hat den Erhalt und die strukturelle Verstärkung der Synapse und der beiden an ihr beteiligten Nervenzellen zur Folge. Fehlende geistig-seelische oder fehlende körperliche Aktivität kann zur strukturellen Auflösung der synaptischen Verbindung und in der Folge sogar zur Schädigung der beteiligten Neurone führen.*

Eine einschneidende psychische Krise, einerlei ob nun im Beruf oder im Privaten, ein plötzlicher Schock, eine *als ausweglos erlebte Situation*, wie sie auch mein Vater im Herbst 2003 erlebte, kann – das zeigt Joachim Bauer eindrücklich – *zur Resignation, zur Regression und zum Einsetzen der Demenzerkrankung* führen. Das Gehirn eines traurig blockierten Menschen erfährt keine auffrischenden Reize mehr. Gerade extremer emotionaler Schmerz, den zum Beispiel auch die Zerstörung einer über Jahrzehnte gepflegten Identität oder Selbstwahrnehmung hervorrufen kann, lassen im Übermaß die Stresshormone Cortisol und Glutamat ausströmen, die, in nun erhöhter Konzentrierung, *in den Nervenzellen des Gehirns an entscheidenden Stellen neurogenerative Effekte auslösen und erheblichen Schaden verursachen* können. Zellverbindungen veröden, Hirnstrukturen werden für immer lädiert, vor allem in der *für das Gedächtnis besonders wichtigen Hirnregion des Hippocam-*

pus, der zentralen Schaltstation, die bei vielen Demenz-*Kranken* Schritt für Schritt lahmgelegt wird. Am Ende kann ein einziger Stressfaktor genügen – und das Fass läuft über, die kognitive Reservekapazität des Gehirns ist erschöpft. Das führt zum Kollaps.

Bauer zeigt auf: *Synapsen, deren Gebrauch zurückgeht, können ganz verloren gehen. Amerikanische Neurobiologen haben dies als »Use it or lose it«-Regel bezeichnet. Dies bedeutet konkret, dass die Nervenzell-Netzwerke, die häufig ausgeübte Wahrnehmungen, Denkvorgänge oder Tätigkeiten repräsentieren, eine Strukturstabilität gewinnen, während wenig trainierte gedankliche Operationen oder Tätigkeiten dazu führen, dass ihre Netzwerke geschwächt werden oder sich gänzlich auflösen.* Die Theorie könnte vieles erklären: Angesichts der Alternative *use it or lose it* entschied sich das Hirn meines Vaters für den Verlust, fürs Abschalten eben.

Auch Daniel Kehlmann hat übrigens einst beim Vater aus eigener Anschauung die psychische Dimension der cerebralen Arbeitsverweigerung entdeckt und eben davon in seiner Salzburger Festrede erzählt. *Als mein Vater durch den Wandel der Umstände seine Arbeit nicht mehr ausüben konnte, senkte sich allmählich die Krankheit des Vergessens auf ihn herab, bis ihn ganz zuletzt die Demenz vom Bewusstsein der Enttäuschungen befreite.*

Enttäuschung, psychischer Druck, psychischer Stress – und davon hatte mein Vater gewiss eine Menge, seit er im Oktober 2002 wusste, dass seine NSDAP-Mitgliedskarte entdeckt worden war – ruft, so ist auch in der Münchner Studie von Ehrhardt und Plattner zu lesen, *eine Reihe von neurobiologischen Veränderungen hervor, wie sie bei der Alzheimerdemenz anzutreffen sind.* Warum soll das bei einem berühmten Rhetor anders gewesen sein? Hätten sich die Literatur-Expertin Iris Radisch und all ihre auf Sohnesdresche erpichten Mitstreiter, die mir Denunziation und Verleumdung, eine *abwegige* Argumentation, *weit entfernt von jeder medizinischen Vernunft,* unterstellen, hätten sie sich vor ihren Hasstiraden nicht zumindest, wie unter Journalisten üblich, ein wenig schlau machen können über den aktuellen Stand der Forschung?

Und: Ist die Auseinandersetzung mit einem lang verschwiegenen Parteieintritt in die NSDAP, mit einer offensichtlich nicht bewältigten Unebenheit in einem verdienstreichen Leben eine ehrenrührige Schandtat, eine Abrechnung aus niederträchtigen Motiven? Müssen Vorbilder denn unbedingt unfehlbar sein, damit sie bestehen können, im Kulturbetrieb und anderswo? Geht es nicht auch ohne Podest? Heilige auf Erden, Menschen ohne Fehl und Tadel, ohne Angriffsflächen und Abgründe, die sind vor allem eines: langweilig, durchschaubar. Immer Sonne ist Wüste. Herbert Wehner bleibt, trotz allem, spannender als Lauritz Lauritzen, der ewig-treue Parteisoldat Lau Lau von der holsteinischen Küste.

Margot Käßmann, die der EKD bis Ende Februar 2010 vorsitzende Bischöfin aus Hannover, bekennend streitbar – einerlei ob es um Afghanistan oder um Westerwelles blindwütige Attacken gegen die Hartz IV-Empfänger ging – wurde unvertretbar in trunkenem Zustand von einer Polizeistreife am Steuer ihres Dienstwagens gestoppt. Pünktlich zu Beginn der Fastenzeit, deren asketischen Sinn sie noch im Jahr zuvor mit frommen Worten beschworen hatte. So weit so peinlich. Ein dramatischer Fehler, von der Ertappten augenblicklich eingestanden. Und dann ist sie von all ihren offiziellen Ämtern zurückgetreten.

Protestantische Selbstbeknirschung. Schluss mit dem Vorbildsein. Die öffentliche Häme war zu groß. Und zu entrückt war vielleicht auch ihr Selbstverständnis. Da tat es weh, sich wieder zum Menschsein verdammt zu sehen. Die Republik erträgt nun einmal keine Ikonen mit Makel. Keine Grautöne. Nur Schwarz oder Weiß. *Die Mehrheit der Menschen will dort eine Heilige und keinen Menschen*, hat Friedrich Schorlemmer über die gefallene Bischöfin gesagt. Ja, in diesem Punkt hat er Recht.

Könnte das, was Lessing in seiner *Hamburger Dramaturgie* für die Bühne und deren Helden eingefordert hat, nicht auch endlich für das Leben gelten: dass nur ein gemischter, fehlbarer Charakter, einer *mit uns von gleichem Schrot und Korne*, über wahre Größe verfüge? Ecce homo. Die Geschichte meines solchermaßen großen Vaters habe ich erzählt. Das hat manchen seiner Verehrer in verzweifelte Rage versetzt, der den Gedanken an einen Walter Jens mit Widersprüchen schwerlich erträgt, schon gar nicht an einen kranken. Seinen einstigen Kritikern wiederum scheint die über die Jahre liebgewordene Reizfigur zu fehlen. Sie alle tun sich mit Schwäche so schwer. Schon ein kleiner Kratzer im Vor- oder Feindbild genügt, und gleich droht ein ganzes Denkmal zu stürzen. Das Monument ist erhaben, das währt ewig – und kennt die Vergänglichkeit nicht. Ein Standbild, das wankt, ist keines mehr. Was schert den Ikonographen der Mensch?

Das Problem sind nicht Vater und Sohn, das Problem sind die Eleven. Aber die verwegene Hypothese von der ödipalen Triebtat macht sich natürlich knalliger im Blatt: Die *Zeit* war dabei – und gefällt sich als Revolverblatt für die gehobenen Stände. Wie dumpf-populistisch nimmt sich die Ikonographie des als Rezension vermummten Steckbriefs aus. Zwei Fotos. Das eine gewaltig: die Augenpartie des Vaters beinahe lebensgroß, die buschigen Brauen, die kleine Warze am rechten Lid, die Iris im Photo-Shop ein wenig nachgebläut. Weise und ein wenig traurig schaut das Über-Ich auf den Leser. Drunter die Überschrift, beziehungsreich, fett: *Der Mann seines Lebens.* Unterzeile: *Tilman Jens verklärt und denunziert seinen an Demenz erkrankten Vater Walter Jens.* Aha, der schlaue *Zeit*-Leser ahnt es, das ist ein klassischer Fall, so wie von Freud weiland beschrieben: *Das Verhältnis des Knaben zum Vater ist, wie wir sagen, ambivalent.* Er erhebt sich gegen den Altvorderen, hofiert die Mutter – und knickt dann ganz jämmerlich ein, aus Furcht, der übermächtige Senior könne sich rächen. Notgedrungene Feigheit, denn im aufbegehrenden Filius werden, folgen wir der reinen Lehre, alsbald Kastrationsängste wach.

Die Lay-Out-Abteilung des Hamburger Wochenblatts bebildert das Theorem artig: hier die gewaltig blauen Augen des omnipotenten Vaters. Dort, welch ein Kontrast, kaum erkennbar, der Spross: Der Monster-Sohn am Pranger, der in Wahrheit aber, versteht sich, ein Winzling ist, kaum briefmarken-groß. Der bringt es auf nicht einmal fünf Prozent des väterlichen Formats, der Mini-Jens, der sich in den Fließtext gleich einer optischen Fußnote eingeklinkt sieht. So macht man Stimmung. So macht man Meinung. Ist ja in Ordnung. Sollen sie die Proportionen nach eigenem Gutdünken vermessen! Nur der raunend beschworene Ekel der Rezensentin vor dem barbusigen *Bild*-Boulevard – der wirkt dann doch ein wenig aufgesetzt.

Wenn der Vater zum Klassiker reift, erweist sich der ans Triviale gefesselte Sohn als hoffnungsloser Fall.

Lothar Müller: Johann Wolfgang und August von Goethe, 1996

VI. Für immer Sohn

Söhne von Dichtern und Denkern enden gern tragisch, die Hanswürste der kulturellen Klatschgesellschaft, die reichlich Stoff liefern für Dramen und schaurige Possen. Dem prominentesten Vertreter dieser Sorte Mensch wurde gar ein Marmor-Monument gesetzt. Nein, nicht im Prater, dem Spaßpark, sondern mitten in Rom, auf dem evangelischen Friedhof nahe der Cestius-Pyramide. *Goethe filius patri antevertens obiit annor XL.* Hier ruht Goethes Sohn, dem es beschieden war, dem Vater im 40. Lebensjahr voranzugehen. So hat es der Geheime Rat bei Bertel Thorvaldsen, einem der berühmtesten Bildhauer seiner Zeit, in Auftrag gegeben. Nichts wird mehr an das Individuum August erinnern, dessen einzige Bestimmung es war, Abkömmling eines Unsterblichen zu sein.

Der Tote, lesen wir in Lothar Müllers glanzvollem Essay, *verschwindet in der Eigenschaft Sohn zu sein. Es scheint, als gebe es den Sohn nur durch die und in der Schrift des Vaters.* In den Gedenkstein ist ein kleines Relief eingelassen, das den Kopf des Unglücklichen zeigt, der am 27. Oktober 1830 in der ewigen Stadt gestorben war. So wird der Epitaph zum Denkmal – zum Denkmal des gescheiterten Sohns.

August hat nichts geleistet, was wir beachten müssten, mit diesen Worten beginnt Wilhelm Bode, der lästernde Chronist des klassischen Weimar, im Sommer 1918 eine Lebensbeschreibung der besonderen Art. *Man könnte ihren Titel durch den Zusatz erweitern: »Geschichte einer Nebenperson.«* – und dann setzt er an zu einer detailversessenen Rekonstruktion, die es am Ende auf 350 Druckseiten bringen wird, nicht eben wenig für die Zeichnung einer bloßen Randerscheinung. Aber der Stoff ist dankbar: Goethes dummer August, der am 25. Dezember 1789 unehelich als Julius August Walther Vulpius das Licht der Welt erblickte, scheint der Archetyp des Filius, der am übermächtigen Vater scheiterte. Eine rundum beschädigte Existenz, seit dem ersten Atemzug vom Makel gezeichnet. Ein Bastard, das Produkt unehelichen Beischlafs, jener süßen *Schlampamps- und Hätschelstündchen*, die das weniger sinnenfrohe Gesetzbuch schlicht Unzucht nannte und auf die, auch im damaligen Weimar, erhebliche Geldstrafen standen.

Ein Eichhörnchen an der Kette ist eines der ersten Geschenke, das er von seinen Eltern bekommt. Eine Kreatur am Gängelband. Ein pädagogisch wertvolles Spielzeug, ein lebendiges Spiegelbild, um sich früh an die zugedachte Rolle zu gewöhnen. Freiheit, Autonomie ist nicht geplant. Ob die Kindheit glücklich war? Er hat, so viel steht fest, den Vater nicht selten gestört. Der Kleine lässt ihn, bei einem Kurzbesuch in Ilmenau etwa, *nicht richtig schlafen und morgens nicht arbeiten. So geht mir die Zeit verloren.* Die braucht der Großdichter für anderes! Schon als Zehnjähriger, so erzählt man sich am Musenhof, sei der Bub mit den dunkelbraunen Augen das erste Mal betrunken durch die Straßen gewankt, der glücklose Gustel.

Erst elf Jahre nach dessen Geburt kommt Goethe überhaupt auf die Idee, seinen Sprössling als leibhaftigen Sohn legitimieren zu lassen. Die Wortwahl des Gesuchs an den Herzog ist beklemmend. Da er die Zukunft Augusts *gern sichern möchte*, sieht sich Goethe anno 1801 verpflichtet, *unterthänigst zu bitten, denselben propter natales*, zu Deutsch: wegen dessen Herkunft, *mit einem Legitimations-Decret zu begnadigen.* Was für ein Satz, welch eine Wortwahl! Begnadigt werden Verbrecher, die ein Gutteil ihrer Strafe abgesessen haben. Aber wenn in der ganzen Causa einer gesündigt hatte, dann der Kindsvater, der seine von ihm geschwängerte Christiane bis dato nicht heiraten wollte. Minister Goethe freilich bittet um Begnadigung eines kleinen Jungen, des eigenen Sohns. *Das klingt*, schreibt Biograph Werner Völker, *als sei August durch seine illegitime Geburt straffällig geworden.* Schuld sei der Spross.

Immerhin: Nun ist er, amtlich besiegelt, der Seine. Und das wird er für den Rest seines Erdendaseins bleiben: der Sohn, kaum mehr als genetischer Fingerabdruck, eine Kopie, die es mit dem Original nicht aufnehmen kann, aller guten Wünsche zum Trotz. Wie hatte Fichte dem kleinen Goethe ins Stammbuch geschrieben, dabei den Konfirmanden August höflich siezend, in den Erwachsenen-Stand versetzend: *Die Nation hat große Anforderungen an Sie, einziger Sohn des Einzigen in unserm Zeitalter.* Wie soll ein derart Anspruchs-Überfrachteter fortan ein normales Dasein fristen? So ein Leben ist nur noch Komparativ: ein ewiger Vergleich. So ein Sohn hat kaum eine Chance. Der ist zum Scheitern bestimmt.

Er hat bald einen Ausweg gefunden, und dem Vater scheint's durchaus zu behagen. *Augustchen schmeckt der Melniker vortrefflich*, schreibt der stolze Papa 1807 aus Karlsbad an die vor Jahresfrist geehelichte Mutter Christiane, *es ist so ein Wasserweinchen, das leicht hinunterschleicht, und von dem man viel trinken kann.* Zu diesem Zeitpunkt hat der gute Gustel bereits so manchen Schoppen die Gurgel hinunter gespült, beim Schulfest mit den Kameraden im Rausch gar das Mobiliar der pädagogischen Anstalt, das Gestühl des Herzogs aufs Gründlichste zerlegt – was bleibt ihm auch sonst?

Das gefesselte Eichhörnchen hat vermutlich lang schon den Gang alles Irdischen genommen. Jetzt liegt das einstige Herrchen selbst an der Kette. Einmal darf August noch fort. Am 4. April 1808 verlässt er Weimar, um in Heidelberg, der Studentenstadt aller Studentenstädte, das Studium der Jurisprudenz aufzunehmen. Er lernt das Gitarrenspiel, er macht kräftig Schulden – und kehrt, nach gerade einmal drei Semestern, reumütig in die thüringische Heimat zurück. Noch ein Jahr an der Universität Jena, ein Abschluss liegt in weiter Ferne, dann nimmt der Vater die Geschicke in die Hand und erbittet beim Herzog, nicht zuletzt um den Filius vor lästerlichen Einflüssen der studentischen Verbindungen zu bewahren, *eine fürstliche Begünstigung meines Sohnes*, kurzum *die Stelle eines Cammerassessors.* Bereits Wochen später erhält er eine eigene Hofuniform. Er ist angekommen – dort, wo ihn der Vater haben wollte, in seiner Hand.

Das Geschöpf wird den Klauen nicht mehr entkommen, er wohnt wieder daheim, er steigt, auf Drängen des mächtigen Papas, bald auf zum Junker, spielt, wie Bode schreibt, *ein Röllchchen am großbürgerlichen Hofe*, wird aber de facto dem mächtig-bedeutsamen Vater Schritt für Schritt als Privatassistent beigestellt. Als Faktotum, als Diener mit Verwandtenstatus. Er sortiert Steine, regelt die Frankfurter Erbangelegenheiten, verfasst Briefe, hält kleine Reden im Namen des Alten. Er ist nun unentbehrlich. Und wird nach Kräften ausgebeutet. *Von da an*, lesen wir in Eisslers über 1800 Seiten starker Erkundung der Goetheschen Seele, *scheint Augusts Psychopathie eine ernste Form angenommen zu haben.* Das war der Beginn einer systematischen Zerstörung. Der Sohn, zunehmend ohne Identität, führte ein fürstlich alimentiertes, aber würdeloses *Scheinleben.* Hätte einer Veranlassung gehabt, sich am Vater zu rächen, dann er. Diese Biographie ist ein Lehrstück mit vielen Lektionen.

Wenn der starke Vater den Sohn nicht in die Freiheit entlässt, wenn der Filius zu schwach ist, sich zu emanzipieren oder zumindest zu fliehen – dies wäre die erste Lektion –, dann ist ein letaler Konflikt oft programmiert. Dann heisst es für den erdrückten Sohn entweder das Tabu der Tabus zu brechen und den Patrizid zu wagen (so wie in Bronnens Bühnendrama als exemplarische Lösung glorifiziert) – oder aber gebückten Hauptes in Selbstzerstörung unterzugehen. Anders als in Herrscher-Geschlechtern oder Handelsdynastien gibt es in Dichter- und Denkerfamilien keinen Generationenvertrag, keine geregelte Weitergabe der Macht an den Sohn. Der große Name wird, von ganz wenigen Ausnahmen abgesehen, mit dem Tod des Prinzipals erlöschen, zur Einmaligkeit, zur Legende erstarren. Es gibt nun einmal keine Erbfolge des Geistes. Also, Söhne, sucht die Distanz, den heilsamen Abstand!

Für August wird die Nähe zum Vater nach dem Tod der Mutter, 1816, vollends fatal. Schon beim Begräbnis Christianes folgt er, in wörtlich zu nehmendem Kadavergehorsam, dem Vorbild seines Meisters – und nimmt erst gar nicht teil. Er beginnt in Erwartung endlich bedeutsamer Aufgaben mit seinem Herrn und Gebieter zu verschmelzen. Kaum ist die Mutter unter die Erde gebracht, schreibt er in einem Brief an die Frankfurter Freunde: *Mein Vater sucht durch fortgesetzte Tätigkeit sich aufrecht zu erhalten und mich belebt der Gedanke, in häuslichen und geselligen Verhältnissen, ihm nützlich und angenehm zu sein.* Ist das nun die Selbsterkenntnis eines gefügigen Sohns? I wo! Diesen Satz hat der Vater dem Seinen in die Feder diktiert, damit er seine Rolle begreife. Eine Stellvertreter-Existenz, bestenfalls.

August verliebt sich – und wird, nachdem die Erwählte zunächst einen preußischen Offizier namens Heinke präferierte, am Ende doch noch erhört. Im Juni 1817 darf er Ottilie von Pogwisch vor den Traualtar führen, wenn auch nur unter der Bedingung, dass er zu Diensten – und vor allem wohnen bleibt am Frauenplan. Dem jungen Glück wird die Mansarde zugewiesen. Das Unheil nimmt seinen Lauf. Die Ehe besteht bald schon nur noch auf dem Papier. Vor dieser abgerichteten Kreatur verliert die junge Frau aus gutem Hause schnell jede Achtung. Sie wollte einen, zu dem sie aufschauen kann, erkannte aber bald: *Herr von Göthe steht nicht hoch genug über mir.* Ottilie hält sich bei Laune und scheint, verdrossen wie sie ist, bei der Wahl ihrer außerehelichen Kavaliere nicht eben wählerisch. Mal ist es ein Kunstreiter, dann ein irischer Jüngling, auch ein Mineraloge und ein hoffnungsvoller Dichter wie Shawl werden an ihrer Seite gesichtet. August schluckt, wie gehabt, seinen Kummer hinunter. So geht das über Jahre.

Es kommt zu entsetzlichen Krächen. Ottilie will die Scheidung. Aber der Gatte willigt nicht ein. Einmal hat er seinen eigenen Willen. Irgendetwas muss ihm doch bleiben, seine Frau, seine drei Kinder zumindest. Letztere freilich gelten in Weimar zuvorderst als Enkel des Meisters, nicht als Nachkommen Augusts. Die 6000-Seelen-Stadt ist ein böser, klatschversessener Flecken.

Da sind lauter Scherben, die ihm in die Seele schneiden. Im Juli 1829, wenige Wochen vor dem 80. Wiegenfest des allgegenwärtigen Vaters – die Vorbereitungen der Festivitäten laufen auf Hochtouren –, hält er es nicht mehr aus und brüllt den Vater an, so wie nie zuvor. Diener Krause hat's der Nachwelt drastisch überliefert. *Ich hab nun vierzig Jahre geschissen und weiß, was ich zu tun habe.* Der verschreckte Greis verzieht sich für die nächsten vier Wochen ins alte Gartenhaus an der Ilm, ins *Schmoll-Exil*, wie's Werner Völker trefflich benennt. Der Sohn schreibt in diesen Tagen sein wohl bestes Gedicht. Verzweifelt-ehrlich ist die Absage ans mickerige Eichhörnchen-Dasein allemal.

Ich will nicht mehr am Gängelbande
wie sonst geleitet sein
und lieber an des Abgrunds Rande
von jeder Fessel mich befrein. […]

Zerrissnes Herz ist nimmer herzustellen.
sein Untergang ist sichres Los,
es gleicht vom Sturm gepeitschten Wellen
und sinkt zuletzt in Thetis Schoß.

Drum stürme fort in Deinem Schlagen,
bis auch der letzte Schlag verschwand.
Ich geh entgegen bessern Tagen,
gelöst ist hier nun jedes Band.

August hat allen Grund, sich aufzulehnen. Allein: die Rebellion kommt zu spät. Was kann er jetzt noch tun – außer die Destruktion seiner selbst zu vollenden und sich einer anderen Welt entgegen zu träumen? In dieser hier sind die Würfel gefallen. Da gibt es kein Entrinnen. Der Vater ist ein vitaler Greis, der sich nicht mehr ändern wird. Abhängigkeiten, dies wäre Lektion Nummer zwei im Lehrstück Goethe, lassen sich nur dann zerschlagen, wenn sie noch nicht erstarrt sind. Dieses innerfamiliäre Herr-und-Hund-Verhältnis aber hat sich eingeschliffen, ist längst Ritus geworden, mit dicken Krusten überzogen.

Der renitente Sohn, gerade 40 geworden, wird bald wieder eingefangen. Er soll sich beruhigen. Ein geeigneter Ort, endlich inneren Frieden zu finden, ist schnell ausgemacht. Rom, die Stadt, in der einst auch der Vater wieder ins Lot kam. Wo denn auch sonst? Nicht einmal in der Wahl seines Fluchtpunkts darf er Unikum sein. Als er im April 1830 aufbricht, wird ihn Eckermann, der Mit-Adlatus, kaum weniger gepeinigt als er, bis Genua begleiten. Zwei Goethe-Geschöpfe erobern die Welt.

Ottilie schreibt derweil an ihre Freundin Adele Schopenhauer, dass sie der Gedanke, der Gemahl werde womöglich nie von dieser Reise zurückkehren, keineswegs schrecke. *Wenn ich mir denke, daß ich August nicht wieder sehen könnte, so empfinde ich auch nicht die leiseste Bewegung. – Er war in einem beklagenswerten Zustand, als er ging, und ich fragte mich oft, ob dieser wutähnliche Zustand durch den Tod oder den Wahnsinn enden werde.* Wie bekannt, war August Walther von Goethe die erste Lösung beschieden.

17 Tage nach seiner Ankunft in Rom – in einem Brief frohlockt er noch: *es ist das erste Mal im 40. Jahre, dass ich zum Gefühle der Selbständigkeit gekommen* – wird er sterben. Der Körper hat kapituliert. Als der Vater zwei Wochen später in Weimar die traurige Nachricht erhält, hadert er mit dem Schicksal und verbietet seinem Hofstaat, das Wort Tod in seiner Gegenwart auszusprechen. Goethe braucht Ruhe, um nach eigenem Gusto Abschied zu nehmen. Er verkenne nicht, formuliert er auf Latein, dass er einen Sterblichen gezeugt habe. Einen Sohn eben nur, dem das Zeug zum Olympier gefehlt hat. Und hier scheint Augusts Fall einmal mehr paradigmatisch. Bedeutende Väter werden zu grausamen Vätern, zur unüberwindbaren Belastung, so könnte die dritte Lektion des mit dem Tod der zentralen Nebenfigur endenden Lehrstücks lauten, wenn sie den Filius einzig an der Größe des Vater-Ego messen, keine anderen Erfolge gelten lassen als die, die sie selber erzielten.

Wie hat es der Dichter in den *Wanderjahren* formuliert: *Der Helden Söhne werden Taugenichtse.* Gut wird es August nicht ergangen sein, als er, der die Manuskripte seines Gebieters druckfertig zu machen hatte, diese Zeilen las.

Einem Taugenichts wird nicht lang nachgetrauert. Der hinterlässt keine Spuren. Schnippisch gibt die von ihrem Gespons befreite Witwe die Tonlage des Gedenkens vor. *Ich glaube nicht, daß man durch Heuchelei die Toten ehrt.* Und der Vater? Eigentlich hat Goethe das italienische Tagebuch des Sohnes, das veritable Reisebeschreibungen enthält, post mortem edieren wollen, aber dann hatte er doch anderes, Besseres zu tun. Der Titel wird erst 170 Jahre später erscheinen. In dieser Zeit hat sich das August-Bild längst fest ins Bewusstsein des deutschen Bildungsbürgertums eingebrannt. Es heißt, der ewige Sohn, dieser Trottel vor dem Herrn, habe in Rom nicht ohne Anstrengung – und vermutlich schon mächtig betrunken – den Zweizeiler seines Lebens verfasst. *Hier steh ich auf dem Kapitol und weiß nicht, was ich machen soll.* Spott seinem Andenken! Eine letzte Gehässigkeit der väterlichen Claqueure. Schenkelklopfen. Gelächter.

Bedeutsame Männer hinterlassen bisweilen Spuren der Verwüstung in ihren Söhnen. Noch ärger aber – dies ist vierte Lektion dieses rundum verpatzten Lebens – pflegen es mitunter die Vertrauten und Verehrer des Vaters zu treiben. Gewiss, sie haben, um dem Herrn und Meister zu gefallen, dessen einzigen Abkömmling kräftig protegiert, August bei Hofe untergebracht. Ja, sie haben ihm sogar ein wenig Beachtung geschenkt, um ein Stück des Unerreichbaren bei sich zu wissen, ein Goethe-Souvenir aus Fleisch und Blut. Ohne Zweifel: Die Kinder der Großen haben es – so lang sie Kinder sind, Begleiterscheinung ihres Schöpfers – meist leichter als die anderen, sie werden in Watte gepackt, gefördert und protegiert.

Auch Augusts Wiege stand unter dem Zenit. Doch die Sonne ist bald weitergewandert, der große Papa begann seine Schatten zu werfen – und die wurden bald länger und länger. Am Ende steht die Sohnesfinsternis, total und vorbestimmbar, als wär's ein astronomisches Gesetz. *Es ist nicht zu leugnen, daß mein Name und der Ruhm meines Vaters, den man mitmeint, wenn man ihn denkt, mir den ersten Start erleichtert haben. Aber schon nach einem halben Jahr verwandelten sich diese scheinbaren Vorteile in Nachteile, die nur mit dem äußersten Lebensoptimismus überwindbar werden.* Das schrieb nicht Goethes August, sondern Thomas Manns ältester Sohn Klaus, der so viel mehr wollte als einst der bequeme Sprössling zu Weimar: Er wollte, schier aberwitzig, dem Vater auf direktem Wege in den Olymp folgen und gefeierter Schriftsteller werden. *Ich muss, muss, muss berühmt werden*, schreibt der 14jährige in sein Tagebuch. Klaus Mann hat den Kampf seines Lebens um Anerkennung teuer bezahlt.

Der Start war grandios: Mit 19 Jahren kann der frühberufene Schnellschreiber einen Erzählungsband, einen ersten Roman und eigenes Drama vorweisen, *Anja und Esther*, eine schwüle Vierecks-Geschichte mit viel Sympathie für die gleichgeschlechtliche Liebe. Schauplatz ist ein Erholungsheim für gefallene Kinder, oder mit den Worten Klaus Manns, eine *Mischung aus Ballettschule und Sanatorium, mit einem Einschlag von Gefängnis, Bordell und Kloster.* Bereits die Besetzung der Erstaufführung verspricht ein Großereignis: An der Seite des debüttierenden Dramatikus, sind im Oktober 1925 der 26jährige Gustaf Gründgens, Pamela Wedekind, die Tochter des Autors von *Frühlingserwachen* und Schwester Erika als Schauspieler in den Hamburger Kammerspielen zu bestaunen.

Die Presse überschlägt sich schon vor der Premiere: *Kinder berühmter Dichter stehen in Hamburg auf der Bühne.* Das Stück an sich scheint eher nebensächlich. Was zählt, das sind die Familienbande, nicht die Neuentdeckung eines genialisch daherkommenden Talents, sondern die Frage, wie der Jungpoet die Rolle seines Lebens meistert: die des ewigen Sohnes. Der *Simplicissimus* druckt eine Karikatur des legendären Thomas Theodor Heine: Vater und Filius sind bei der Arbeit: Thomas, der Zauberer mit zerknittertem Gesicht und dem akkurat gestutzten Schnauzer, hängt sinnierend über dem Schreibtisch, die Hand ganz nah am Tintenfass. Klaus, der einen Dichterblock in der Hand hält, stubst ihn von hinten und stört den Alten bei der Arbeit. *Du weißt doch, Papu, Genies haben niemals geniale Söhne, also bist Du kein Genie.*

Das ist noch halberwegen liebevoll, mit einem Augenzwinkern formuliert und benennt doch die Außenwahrnehmung, die Klaus Mann bis zu seinem Freitod 1949 begleiten sollte. Nahezu alles, was er schreibt, wird in Beziehung gesetzt zum Werk des prominenten Vaters, man sieht ihn als Epigonen ohne eigene Handschrift. *Was ich bisher von ihm gelesen habe*, befand Oskar Maria Graf, *verriet die unverarbeitete Stiltradition, die er vom Vater und teilweise von Heinrich Mann übernommen hatte, alles war noch wenig eigen, zwar untadelhaft, aber kernlos.* Die Kollegen, die Kritiker wollen ihn einfach nicht ernst nehmen. Brecht verspottet Vater und Sohn als *gelungenes Paar*, der Spross sei mental fast schon so alt wie der Stamm, eine *Mumie*, eine

Nachgeburt von Feuilletonschlieferln – der Schlieferl ist, im Vokabular des österreichischen Schmähs, ein Kriecher.

Das Über-Ich in der Poschingerstraße tut das Seine, um das erwachende Dichter-Ego seines Ältesten zu deckeln. Nicht einmal zu pädagogischem Lob kann er sich durchringen. Der Körper des Sohns aber ließ beim Erzeuger schon früh die Glückshormone sprießen. Im Tagebuch von 1920 schwelgt er in seinem *Entzücken an Eissi*, wie Klaus in der Familie hieß, *der im Bade erschreckend hübsch. [...] Starker Eindruck von seinem vormännlich, glänzenden Körper. Erschütterung.* Klaus' literarische Hervorbringungen schienen ihm weniger impressionabel. Der Vater machte kein Hehl aus seinem Entsetzen. *Anja und Esther* sei ein *unbeschreiblich gebrechliches und korruptes Stückchen.* Soll er die Schriftstellerei doch bitte dem Vater überlassen, der sich einen Spaß daraus macht, den Sprössling, der partout nicht aus der Art schlagen will, auch noch mit allen Mitteln der Kunst vorzuführen.

Eine Novelle, die – wie muss das geschmerzt haben – zum Filetstück geriet, soll den Buben in die Schranken weisen. *Unordnung und frühes Leid*, 1925 verfasst, ist eine kleine Familiengeschichte. Die Parallelen zur eigenen Sippe sind kaum zu übersehen, auch wenn der

Hausherr nicht dichtet, sondern wohlsituierter Professor für frühneuzeitliche Geschichte ist, der Großbürger Abel Cornelius. In der eigenen Villa wird meist ein heiter-entspannter Umgang gepflegt, *Greise* nennen die Großen ihre Eltern – *nicht hinter ihrem Rücken, sondern anredeweise.* So wie bei den Manns. Die beiden ältesten Geschwister Ingrid und Bert sind in ihrer Exaltiertheit unschwer als Erika und Klaus zu entschlüsseln.

Die Tochter wird geradezu innig gezeichnet, der 17jährige Bert alias Klaus aber ist ein ziemlicher Versager, *der die Schule um keinen Preis zu beenden, sondern sich so bald wie möglich ins Leben zu werfen wünscht und entweder Tänzer oder Kabarett-Rezitator oder aber Kellner werden will: das letztere unbedingt in Kairo.* Und damit nicht genug! *Der arme Bert, der nichts weiß und nichts kann und nur daran denkt, den Hanswursten zu spielen, obgleich er gewiß nicht einmal dazu Talent hat,* lästert der Großschriftsteller, lästert der Vater über den Sohn, habe eine *entschiedene Ähnlichkeit* mit Xaver, dem Hausdiener, dem Thomas Mann den bezeichnenden Nachnamen Kleinsgütl gibt. Sagt das nicht schon alles? So einer wird nie ein großes Gut bestellen. Der ist, müssen wir im Fortgang der Novelle erfahren, *ein ausgemachter Taugenichts und Windbeutel – mit positiven Eigenschaften, wie seine bescheidene Herrschaft jederzeit zuzugeben bereit ist, aber ein unmöglicher Windbeutel eben doch. Man muß ihn nehmen, wie er ist, und von dem Dornbusch nicht Feigen verlangen.* Reiche Ernte ist nicht zu erwarten, weder vom Xaver-Faktotum noch vom kaum zu unterscheidendem Sohn. Der bildhafte Vergleich scheint geradezu infam: Ein Dornbusch, das ist kein Strauch wie jeder andere. Der stand in Flammen, als Gottvater seinem Gesandten Moses erschien und fleißig Weisungen erteilte. Das Bild zeugt nicht eben von Bescheidenheit.

Welch eine Lektion! Ach Sohn, Du hast kein Genie, Du taugst bestenfalls als literarisches Material, als Steinbruch, aus dem sich der in die Unsterblichkeit dichtende Vater nach Gutdünken bedient. Der Schlag hat gesessen. Klaus empört sich bei Schwester Erika über das *Novellenverbrechen* seines Erzeugers und holt prompt zum Gegenschlag aus. Nein, er wird den Alten nicht morden, aber heimzahlen wird er's ihm doch, auf gleichem Terrain. Satisfaktionsfähig fühlt er sich durchaus. Der knapp 21jährige antwortet auf Augenhöhe – mit einem Prosastück, das er – um keinen Zweifel aufkommen zu lassen, dass er diese Gattung ebenfalls beherrsche – *Kindernovelle* nennt. Die ist stilistisch zwar ein wenig schmuckloser als die Erzählung des Vaters, dafür geht es bei Klaus umso sinnenfroher zur Sache.

Auch der Sohn gibt Einblick ins Innenleben einer Familie, die unverkennbar Mannsche Züge trägt. Allein, der Herr im Hause fehlt. Der auf Rache sinnende Autor hat ihn kurzerhand sterben lassen. Jetzt ist der berühmte Philosoph – ein wenig Verfremdung muss sein! – nur noch als Totenmaske über dem Bett von Witwe Christiane zugegen – vor einem schwarzen Samttuch – *mit großer Nase, unerbittlich verkniffenem Mund und einem strengen, träumenden Blick.* Die Mutter von vier Kindern (wie hat sie von einem Fünften geträumt!) lebt ihre Trauer, umgeben von den Hinterlassenschaften des verblichenen Gatten. Da sind *seine vielen Bücher, sein großes Papiermesser, das große Tintenfass.* Detailliert, mit Wonne beinah, beschreibt der vom Vater verhöhnte Jungnovellist die letzten Spuren des dahingeschiedenen Patriarchen. Wäre die Novelle in unseren Tagen erschienen, hätte sich auch Klaus Mann wegen des Verdachts des literarischen Vatermords auf der Anklagebank des Feuilletons wiedergefunden. Immerhin hat er, und das nicht frei von klammheimlicher Freude, den Tod einer fiktionalen Vaterfigur beschworen. Und das war nur das harmlose Vorspiel einer ziemlich wilden Geschichte.

Eines Tages bekommt die Familie Besuch von einem jungen Mann namens Till, der sich als Verehrer und Kenner des Werkes ausgibt, das der große Denker der Nachwelt zurückließ. Der Feingeist mit dem zerlöcherten Schuhwerk, der da bei der Witwe vorbeischaut, scheint etwas heruntergekommen, aber seine *groß schauenden Augen waren von einem wunderbar starken, ja verwirrenden Blau.* Die Dinge nehmen ihren Lauf, die Kinder finden den Fremden weit unterhaltsamer als weiland den Papa, und in Mutter Christiane erwacht unbändiges Verlangen: *eine alternde Dame, die einen Knaben begehrte.* Sie lockt ihn bald schon ins verwaiste Ehebett. *In seinem Blick war eine Inbrunst, als habe er seit Jahren auf diese Stunde gewartet.* Sie wird schwanger in dieser einen Liebesnacht – *über ihr träumte die Maske des Gatten, strengste Heiterkeit um den Mund, in die Dämmerung hinein ihre todernsten Träume.* Da sind sich Eros und Thanatos wieder einmal ganz nah, da erfährt der *Tod in Venedig* eine nicht eben ehrfürchtige Fortsetzung.

Herr und Frau Thomas Mann werden die Novelle kaum mit Freude gelesen haben, auch wenn sich der vom Sohn für tot erklärte Dichter in einem Brief an Tochter Erika sichtlich um Konzilianz mühte. Er habe *recht gelacht*, obwohl ihn doch *hie und da Zweifel beschlichen* hätten. Die dürften zuvorderst dem Sohn gegolten haben. Sein Ältester hat den Fehdehandschuh doch tatsächlich aufgenommen und hat sich in Konkurrenz mit dem Übervater begeben, fast schon selbstzerstörerisch den Kampf auf einem Terrain gesucht, auf dem er kaum eine Chance hatte. Nur *den nächsten, notwendigen Schritt*, attestiert Marianne Krüll, die eigenwillige Analytikerin der Mann-Familie, den *wagte er nicht: seine Einsichten in aktives Handeln, etwa in eine direkte Auseinandersetzung mit Vater und Mutter, umzusetzen.* Er blieb im Netz des Zauberers gefangen, was aber, anders als bei August, nicht allein am Vater lag.

Klaus Manns Autobiographie *Kind dieser Zeit* – die Memoiren eines 26jährigen! – zieht am Ende eine erste Zwischenbilanz, desillusioniert, nicht frei von Selbstmitleid. *Man beurteilt mich als den Sohn. Von Anfang an hätte ich versuchen können, mich dieser schwersten Belastung zu entledigen, indem ich unter einem Pseudonym veröffentlichte. Aber – sogar vorausgesetzt, solche Maske wäre zu wahren gewesen – ist es statthaft, um die bitterste Problematik des eigenen Lebens, die zugleich die höchste Verpflichtung ist, sich einfach herumzuschwindeln?*

Die bitterste Problematik des eigenen Lebens, die zugleich höchste Verpflichtung war: der Zwiespalt von gefühltem Zwang zur Abgrenzung und der ungeheuren Sehnsucht nach Anerkennung durch den Vater und die Seinen war letztlich kaum zu lösen. An dem Konflikt hat er sich von früher Jugend zerrieben. Die Frage, ob es letztlich dieses Lebensdilemma war, das Klaus Mann am 21. Mai 1949 in den Selbstmord trieb und die schon Jahre zuvor geäußerte *ungeheure Todessehnsucht* stillte, diese Frage scheint müßig. Vermutlich wird die Verzweiflung so komplex gewesen sein, wie es Bruder Golo beschrieb. *Kummer über Politik und Gesellschaft, Geldnot, Mangel an Echo addieren sich, aber summieren sich nicht zu dem Ganzen, welches hier der Tod war. Die Neigung zum Tod war in ihm gewesen von Anfang an, er hatte nie alt werden wollen oder können. Er war am Ende.* Die These, er sei am Vater zerbrochen, so Golo Mann weiter, führe nicht weiter. Gescheitert sei eine Identität, *welche bei einem anderen Vater allerdings eine andere gewesen wäre.*

In der Rolle des ewigen Sohns aber war er zum Außenseiter gestempelt. So einer wird nicht ernst genommen. Vor so einem wird man sich selbst im Angesicht des Todes nicht verneigen. Die Söhne der Großen, denken wir an August, sterben oft einsam – und werden einsam zu Grabe getragen. Es muss ein gespenstisches Begräbnis gewesen sein damals in Cannes. Die Familie lässt sich entschuldigen. *Schwerster Chock*, notiert Thomas Mann im Tagebuch, hält es dann aber für angezeigt, seine Vortragsreise durch Skandinavien fortzusetzen. Der Nobelpreisträger ist wieder einmal verstimmt über seinen Ältesten. Das hätte er vor allem *dem Mutterherzen […] nicht antun dürfen*. Eine letzte Schuldzuweisung.

Auch des Toten Lieblingsschwester Erika ist gerade unabkömmlich. Sie begleitet ihre Eltern in Schweden. Einzig der jüngste Bruder Michael gesellte sich zur kleinen Trauergemeinde, stand ein wenig abseits und spielte auf seiner Bratsche das Largo einer Sonate von Marcello. Viele Jahre später, in der Nacht zum Neujahrstag 1977, wird auch Michael Mann den Weg in den Freitod gehen.[7] Die genauen Begleitumstände liegen im Dunkeln. Sicher aber ist, dass der sonderbare, hochsensible Berufsmusiker, der kurz zuvor eine auf zwei Bände eingestrichene Ausgabe der Tagebücher seines Vaters zusammengestellt hatte, an einem während dieser Arbeit entdeckten Diariums-Eintrag verzweifelt sein muss.

Er liest, dass er das Licht der Welt nie hätte erblicken sollen, im Spätsommer 1918 schon zum Abort bestimmt

[7] Da Michael Mann keinen Abschiedsbrief hinterlassen hat, lässt sich die Todesursache Suicid nicht mit letzter Gewissheit belegen. Die einschlägigen Monographien aber (Naumann; Krüll) halten dies, zumal aufgrund der Intoxikation durch Alkohol und Barbiturate, für überaus wahrscheinlich.

war. *Die Tagebücher: ich als Embryo, der eigentlich abgetrieben werden soll. Aber die Mutter will es nicht. Die Wirtschaftslage ist zwar nicht nach weiterem Zuwachs angetan. Aber, ob 5 oder 6 Kinder – was macht es schon aus? So die väterliche Position. Sein fast einziges Bedenken, da ein weiteres Kindchen seine poetisch ausgekostete Freude am Kindchen Lisa (Medi) vermindern könnte.* Er soll des Vaters Entzücken an der kleinen Elisabeth nicht stören. Wäre es nach dessen Willen gegangen, es hätte den Erdenbürger Michael Mann vermutlich nie gegeben. Der Sohn ist bald 60, der Vater seit zwanzig Jahren tot, als er, eher zufällig, von seiner ungewollten Existenz erfährt. Ein Freund aus Berkeley wird nach Michaels Tod, herbeigeführt durch einen Cocktail von Alkohol und Barbituraten, schreiben: *Diese Tagebücher seines Vaters haben ihn verrückt gemacht, umgebracht. Ich wünschte, er hätte sie verbrannt.*

Noch so ein elend einsamer Sohnestod.

Nicht nur der Gehässige, auch der freundlich Gesinnte konstruiert zwischen dem, was ich schreibe, und dem väterlichen Werk instinktiv den Zusammenhang.

Klaus Mann, Kind dieser Zeit, 1932

VII. Zu guter Letzt: Ein Vater mit Wucht und Wonne

Eines war Laios gewiss nicht, seinem Sohn ein gütiger und tröstender Vater, der es mit seiner Verantwortung für seine Nachkommenschaft ernst genommen hätte. Nein, aus Angst, der Götterspruch aus Delphi könne Wahrheit, der Sohn zu seinem Mörder werden und dann auch noch zum Mann seiner Frau, an seiner Statt König von Theben, ließ er den kleinen Ödipus von einem Hirten im Gebirge aussetzen. Zuvor hat er den Kleinen gefesselt, verstümmelt, damit der sich nicht fortbewegen könne, *beide Füße waren spitz durchbohrt.* Hat dieser Sohn, dessen Tötung für den Vater beschlossen war, nicht allen Grund gehabt, sich an seinem Peiniger zu rächen, den Patrizid zu vollziehen? War die Bluttat in Unkenntnis der Identität des Opfers einzig Tragik – oder auch ein Stück Gerechtigkeit? Auge um Auge eben.

Bei genauerer Betrachtung all der vertrackten Ödipus-Dramen im Leben wie auf der Bühne, fällt auf, dass die Sprösslinge meist guten Grund zum Hass auf ihre Alten hatten. Und wenn sie ihre Wut unterdrückten, dann war der Weg in die Selbstzerstörung oft nicht weit.

Hatte Walter Hasenclever einen verständigen Vater, war Hans Frank ein Menschenfreund? Viel Interesse hat Robert Havemann an seinem Flori nicht gehabt – und der Koloss Siegfried Unseld brachte seinen Sohn, nicht eben nobel, um die versprochene Zukunft. Goethe hat seinen August zum Haussklaven gemacht, Thomas Mann in *Unordnung und frühes Leid* seinen Klaus wie einen Nasenbären durch die Manege geführt. Das alles macht die Söhne nicht schon zu Widerstandshelden, aber vielleicht begreifbarer doch, in ihrer Traurigkeit, in ihrem Zorn, ihrer Verzweiflung. Kein Vatermord ohne Motiv!

Und eben da führt mich der kleine Ausflug auf den verminten Gipfel der Familiendesaster zum eigenen Vater zurück, der so grundlegend anders war. Nein, dies den Kollegen vom Feuilleton noch einmal ins Stammbuch geschrieben, ich idealisiere den Mann nicht. Er konnte, wenn er schrieb (und wann tat er das nicht?) monomanisch sein. Er hat gelegentlich Freude an der eigenen Bedeutsamkeit gehabt und die kleinen Privilegien seiner Prominenz sichtlich genossen – sein Schönstes war, wenn für ihn im *Lädle*, dem kleinen Einkaufsgeschäft, in dem er Brötchen holte, zu Ehren seines allmorgendlichen Eintreffens eine Extra-Kasse aufgemacht wurde, damit er nicht Schlange stehen musste.

Und über seine verdammte NSDAP-Mitgliedschaft hätte er, der Rhetor, um seiner selbst willen reden müssen.

Aber als Vater war er Wucht und Wonne, ein Zuhörer, von früh an ein geduldiger Förderer, der seinem Ältesten, nach genauer Durchsicht eines Schulaufsatzes in der dritten Grundschulkasse, verbot, je wieder die Floskel *und dann* zu verwenden. *Jung, Du sollst erzählen und nicht aneinanderreihen.* Nein, aller Lehrbuch-Weisheit zum Trotz: Es war nicht schwer, diesen Vater zu haben, der gross war – und der mich nie erdrückte. Er hatte vermutlich anderes zu tun. Wofür also sollte ich, wie unterstellt, an diesem Mann Rache nehmen? Er hat Stärken, an die ich nie heranreichen werde. Und das beschwert mich nicht im Geringsten.

Ich bin nicht Rhetor, nicht Gelehrter, ich bin Journalist und das bin ich gern. Ich darf bisweilen wohltuend törichte Dinge tun, die meinem Vater wiederum ein Gräuel gewesen wären: auf den Halligen über Tage den Einflug der Ringelgänse zu erwarten, mich unter bayerische Papstpilger zu mischen, von einem Thema zum andern zu springen, den Bedeutsamen und Etablierten das Dasein gelegentlich ein wenig saurer zu machen – und, vor allem, ich kann reisen. Insbesondere diese Leidenschaft konnte mein Vater bestenfalls mit einem Kopfschütteln quittieren, das mir bedeutete, dass Mitleid angezeigt sei. *Einmal Amerika war schlimm genug.* Nein, bei aller Verwandtschaft, das waren, das sind schon zwei sehr unterschiedliche, und ergo auch weitgehend kollisionsfreie Leben. Andere hatten es schwerer.

Ich Thomas, Sohn des Alexander, habe den Beruf Sohn: Den selbstironisch-bitteren Satz des 1998 verstorbenen Thomas Mitscherlich – das Opening seines ergreifenden Dokumentarfilms über den Vater Alexander, die Momentaufnahme ein Jahr vor dem Tod des schon sichtlich von der Demenz gezeichneten Analytikers [8] – kann ich schwerlich auf die eigene Existenz beziehen. Zum Berufssohn verdammt, sah ich mich nie. Aber die so konträre Wahrnehmung unserer Rollen, unserer Väter, die einander kannten und schätzten, hat mir einiges verdeutlicht. Auch Thomas Mitscherlich, Jahrgang 1942, hat – er tat es mit seinem Film – Abschied genommen vom damals noch lebenden Vater, der müde geworden war. Seine Sprache zog sich quälend langsam. Er konnte sich nur noch in bruchstückhaften Sätzen artikulieren. *Ich weiß nicht, ob man als Sterbender noch etwas annehmen kann.* Dann war der Gedankenfaden

[8] Archivzentrum Universitätsbibliothek Frankfurt, Bestandsnr. Na 35

gerissen. In der Schluss-Szene sitzt der Sohn in der Eisenbahn, schlüpft in die Rolle des Vaters. Was wären wohl seine letzten Worte gewesen? *Ich habe immer vor Sentimentalitäten gewarnt. Deshalb ohne große Worte. Servus.* Schwarzblende. Abspann.

Einfach nur *Vater und Sohn* hieß der liebevoll gesetzte Schlusspunkt eines Verhältnisses, dessen Problematik eine im Nachlass verwahrte Kladde dokumentiert, beschriftet mit dem Titel *Flüchtige und weniger flüchtige Notizen zu Vater und Sohn, 1981*, ein grünes Brunnen-Heft mit rotem Rand. *Was meine Eltern verpatzt haben. Es war etwas Unheimliches zwischen Vater und Sohn, aber ab 13-14 Jahren gab es keine Prügel mehr zwischen uns. Das Verhältnis ist unheimlich, weil es so »gewaltig« ist.* An anderer Stelle notiert er: *Der Vater ist gefährlich. Ist er es? Vor Frauen hab ich wenig Angst. Wenn sie mir auf der Straße begegnen, so hab ich vor ihnen gar keine Angst. Vor Männern ist es schon angebracht, vorsichtiger zu sein, ja Angst zu haben.*

Es ist nicht der erste Abschied, den der Sohn von seinem Alexander-Vater nehmen muss. Der hat die Mutter, Thomas und seine Geschwister für eine andere Frau verlassen. So jedenfalls sieht es der Sohn, noch immer. Der Film greift weit in die Vergangenheit zurück. *War es gewalttätig von ihm uns zu verlassen? Ja, das war es wohl. So schwieg ich über seine Gewalt, die er über mich hatte und brachte.* So zeichnet der Film nicht zuletzt eine vaterlose Gesellschaft im Kleinen. Man kann nur erahnen, warum die ebenfalls im Nachlass enthaltenen Tagebücher des Sohnes, der ein überaus interessanter Dokumentarfilmer war, nach einer ersten Durchsicht auf Bitte seiner Stiefmutter Margarete Mitscherlich [9] auf sage und schreibe 90 Jahre für jede Einsichtnahme gesperrt worden sind.

Sind die Kinder dem Vater bedeutungslos, hat Thomas Mitscherlich sarkastisch in sein Arbeitsjournal geschrieben, *so kann er sie auch eher im Kriege opfern. Er überlebt den Sohn, wenn dieser im Kriege umkommt, er ist damit der Stärkere vor sich selbst.*

Mir bleibt Dank und Erleichterung, dass mein Vater mir solche Schlachten ersparte. Es gibt keine unbeglichenen Rechnungen zwischen uns, auch keine, die tief im Unbewussten verbuddelt sind. Kein Anlass zur Ra-

[9] Nicht verschwiegen sei: Auch Margarete Mitscherlich hat mir in einem mich bestürzenden Interview mit 3sat/Kulturzeit (3.3.2009) die Intention des Vatermordes unterstellt, eine entsprechende Frage des Moderators aus dem Off jedenfalls mit Ja beantwortet. Der Respekt vor der großen alten Frau, der ich niemals begegnet bin, verbietet es, mich mit dieser Ferndiagnose auseinander zu setzen.

che, nicht einmal zu missgünstiger Konkurrenz. Wenn ich meinen Vater, meine gut protestantisch verheirateten, ausschweifungsarmen Eltern um etwas beneide, dann nur um eines: dass sie Kinder haben und, dank meines Bruders, eines Tages die Welt nicht einmal ohne Enkel verlassen werden. Dieses Glück habe ich verspielt. Nur, daran sind gewisslich nicht die Alten schuld.

Aber Thomas Mitscherlichs Selbstauskunft, seine Definition als Berufssohn beschäftigt mich doch. Ohne Zweifel hat gerade die Prominenz meines Vaters auch mein Leben recht lange bestimmt. Als Sohn von Walter Jens habe ich es unbestreitbar leichter gehabt, ich war privilegiert, Türen öffneten sich, auf erste journalistische Praktika brauchte ich, anders als meine Kommilitonen, nicht zu warten. Ein Exempel für Chancengleichheit ist meine Vita nicht. Und dann und wann werde auch ich nicht frei von jenen für andere nicht immer leicht zu ertragenden Verhaltensauffälligkeiten gewesen sein, die Klaus Mann im *Wendepunkt* stellvertretend für so viele beschrieben hat. *Es war in seinem Schatten, daß ich meine Laufbahn begann, und so zappelte ich mich wohl etwas ab und benahm mich ein wenig auffällig, um nicht völlig übersehen zu werden. Die Folge davon war, daß man nur zu sehr Notiz von mir nahm.*

Die eigentliche Beschwernis aber war von früh an nicht der Vater. Kummer machten bald die Trabanten. Versemmelte ich eine Lateinarbeit, gab mir Lehrer Lohmann mit tieftrauriger Mine die rotübersäte Übersetzung zurück. *Ich hoffe, dass ich dem Sohn meines Doktorvaters nie wieder eine Fünf in sein Heft schreiben muss.* Das Unheil setzte sich fort an der Uni. Professoren-Tee in Konstanz beim Latinisten, ich als Walter-Sprössling eingeladen, bestaunt und mit seltsamen Fragen konfrontiert: Ob ich denn eine Erklärung habe für die väterliche Kehrtwendung, fort von der Altphilologie, was ein Jammer sei, hin zu theologischen Themen? Wenig später habe ich das Studium geschmissen. Den Abend, als die Entscheidung dafür fiel, werde ich niemals vergessen. Und das lag an meinem Vater.

Frühjahr 1977. Die sechste documenta stand vor der Tür. Und durch einen für mich glücklichen Umstand war einer der drei seit langem eingeplanten Autoren des großen ARD-Abschlussberichts erkrankt. Ob ich einspringen könne? Ich erbat einen Abend Bedenkzeit und fuhr nach Tübingen. Bislang hatte ich ausschließlich in den Ferien fürs Fernsehen gearbeitet. Die Kassler Kunstschau aber lag mitten im Sommersemester. Was tun? Mein Vater war aushäusig, kam erst spät aus der Fakultätssitzung und war ob der großen Langeweile dort sichtlich schlecht gelaunt. Das nächtliche Gespräch über die Zukunft war kurz. Ich: *Wenn ich diesen Film mache, ist das Semester perdu. Und wenn er gut wird, vermutlich auch das ganze Studium.* Was er mir rate? Für ihn, den Hochschullehrer, keine Frage. *Natürlich wirst Du Journalist! Uni, glaub mir, ist die letzte Scheiße.* Und diesen Mann soll ich nun hassen, entehren?

Wenn ich je, noch heute, Mordphantasien entwickeln könnte, dann gälten sie einzig jenen, die alles und jedes, was der Sohn tut, in dumpfbackene Relation zum Vater setzen. Sie schlagen die verwegensten Kopphei-ster, um Dich auf Deine ewige Rolle, als müden Abklatsch des Vaters zu reduzieren. Ich schreibe 1999 ein kleines Buch über *Goethe und seine Opfer*, gedacht als Kontrapunkt zur allgemeinen Weihrauch-Stimmung zum 250. Geburtstag. Ein Text ohne jeden autobiographischen Hintergrund. Doch was lese ich? *Warum hört sich die Schmähschrift zu oft wie eine Schimpfschrift an? Weil Tilman endlich einmal auch gegen Papa Walter Jens schimpfen will.* Aha!

Das Verfahren hat Methode. Alex Rühle von der *Süddeutschen Zeitung* findet mein Demenz-Buch abgründig schlecht, schmäht die *Rache des Spätgeborenen.* Soll er. Aber muss der gute Mann gleich Abstammungslehre treiben, Kreuzungs-Experimente vollführen? *Um interessant über den Verfall des Vaters […] zu schreiben, bräuchte Tilman Jens aber schriftstellerische und diskursive Fähigkeiten. Und von denen – die Welt ist ungerecht – hat sein Vater ihm leider nicht viel vererbt.*

In der Tat, die Welt ist ungerecht! Wenn's um die Söhne geht, mutiert die Literaturkritik zur Vererbungslehre. Was ist Gregor Mendel gegen Gert Ueding, der in der *Welt* die Grundzüge der Jens'schen Genetik erklärt. *Wenn Tilman Jens von seinem Vater etwas geerbt hat, dann ist es diese Sucht nach Aufmerksamkeit, nach der Droge Publikum, die auch ihn umtreibt, ob in der Skandalgeschichte um Uwe Johnson oder dem Rachefeldzug gegen den engsten Freund des Vaters, Marcel Reich-Ranicki.*

Zum Streit mit dem heute betagten Mann aus Wloclawek werde ich nichts mehr sagen, außer vielleicht, dass die Dokumentation einer Geheimdienstmitgliedschaft gewiss kein Rachefeldzug war, aber eben, rückblickend betrachtet, in ihrer Unerbittlichkeit auch keine sonderlich humane Recherche. Uedings Verweis auf die Uwe-Johnson-Geschichte freilich ist ebenso infam wie aufschlussreich. Selbst den größten, vielfach bereuten, doch unzweifelhaft begangenen Fehler meines Lebens brandmarkt der Mann als väterliche Mitgift. Einer Sohneskreatur bleibt nicht einmal das Recht auf eine selbstverantwortete Missetat.

Dabei hat sich der Fall, der mehr als ein Vierteljahrhundert zurückliegt, so ganz anders zugetragen. Und hatte weder mit meinem Vater noch mit Sucht nach Geltung zu tun, sondern mit einem Ehedrama, das mir heute eher wie eine Posse erscheint, mich damals aber fast paralysierte. Meine erste Frau war, als ich 1983 für den *Stern* die Schriftstellerin Nadine Gordimer in Johannesburg besuchte, mit einem anderen Mann durchgebrannt. Grausam genug. Dann aber erfuhr ich, dass der neue Begleiter von A. auch noch im Dienst der Hamburger Polizei stand. Eine Bulle also. Es war die Zeit der großen Brokdorf-Demonstrationen. Wie habe ich diese Typen (in Verkennung der Tatsache, dass auch sie arme Schweine waren) damals gehasst. Und einer von denen hatte mir nun meine Frau genommen. Da brach über Nacht so ziemlich alles zusammen. Ich soff wie ein Loch und mühte mich, irgendwie über die Runden zu kommen.

Einige Monate später, im März 1984, starb Uwe Johnson. Wolfgang Koeppen schrieb für den *Stern* einen großartigen Nachruf. Er hat ihn mir, in seiner Münchner Wohnung, zu weiten Teilen in die Maschine diktiert und nebenbei viel über den Mann aus Mecklenburg erzählt. Als ich hörte, unter welch traurig einsamen Umständen er den vierten und letzten Band der *Jahrestage* kein Jahr vor seinem Tod vollendet hatte, war ich wild entschlossen, ins englische Sheerness, seinen Wohnort der letzten Jahre, zu reisen, um die Begleitumstände seines Sterbens zu rekonstruieren.

Diese Biographie schien so viel Eigenes zu erklären. Auch Uwe Johnson war von seiner Ehefrau betrogen worden. Das jedenfalls hatte er öffentlich behauptet. Und auch im Fall des Dichters hatte der Neue einen verpönten Beruf. Nein, Schutzmann war er nicht, aber, schlimmer noch, Mitarbeiter des tschechoslowakischen Geheimdiensts. Johnson, der mit seiner Frau eng zusammengearbeitet hatte, sah darum sein Lebenswerk verraten. Das leuchtete ein.

Über die Geschichte, die mir mein eigenes Unglück, wie ich dachte, würde aufschlüsseln können, wollte ich nun alles, alles wissen. Ich war besessen von der Idee – und verlor, in meinem eigenen Alleinsein damals, die Relation, jedes Gefühl für Grenzen. Ich fragte seine englischen Freunde im Pub, seine alten Schriftsteller-Kollegen in Deutschland, und ich fragte seinen Nachbarn, der mir sagte, er hätte noch einen Schlüssel für Johnsons Wohnung. Ob ich ihn haben wolle. Ich konnte der Versuchung nicht widerstehen und bin – für gut eine Stunde – hinein in das leer stehende Haus, habe mich umgeschaut, in Briefen gestöbert. Schon das kaum verzeihlich: Der Einbruch in die Privatsphäre eines Mannes, dem seine Privatheit viel bedeutet hat.

Ich flog nach Deutschland zurück, um meine Reportage für den *Stern* zu schreiben – und merkte, dass ich über ein für mich entscheidendes Detail nicht genug wusste: ob es diese Geheimdienstmann-Affäre, die mich so sehr an das heimische Polizisten-Elend erinnerte, nun tatsächlich gegeben hat – oder ob die Beschuldigung nur der Phantasie eines eifersüchtigen und reichlich Alkohol konsumierenden Ehemanns entsprungen war. Über einen alten Weggefährten Johnsons hatte ich aber gehört, dass im Haus an der Marine Parade unten im Keller ein braunes Tagebuch liegen müsse. Darin fänden sich alle Beweise. Und da dies Leben, in fataler Vermengung der Identitäten, längst zu meiner Story geworden war, bin ich ein zweites Mal nach England gereist.

Der Nachbar aber hatte seine Schlüssel mittlerweile bei der Polizei abgegeben. So bin ich, mit einem Diktaphon bewaffnet, über ein Kellerfenster an der Rückseite des Anwesens in Uwe Johnsons Haus eingestiegen, fand das braune Buch, dessen Kernsätze ich aufs Band sprach – und habe zwei Briefe, die ich später zurückgab, als Beweisstücke mitgenommen. Das war Einbruch. Das war Diebstahl. Das war kriminell. Ich aber hatte damals nicht einmal einen Anflug von Unrechtsbewusstsein. Und habe allen, die es wissen wollten, freimütig von meiner Tat erzählt. Dass der Vorfall bald öffentlich wurde, kann nicht wirklich verwundern. Ich wurde gefeuert, zu Recht. Die Frage, wer damals was in der *Stern*-Redaktion gewusst hat, ist nicht einmal drittrangig. Ich habe einen kapitalen Fehler macht. Einen Fehler, den ich erklären kann. Kleiner wird er dadurch nicht. Wer mir's für immer vorwerfen mag, hat das Recht, dies für alle Zeit so zu halten.

Nur eines – und darum habe ich die Geschichte aufgeschrieben: Mit einem vermeintlichen Drang, endlich aus dem vermeintlichen Schatten des Über-Ichs zu treten, mit Rivalität eines gebeutelten Sohnes, hatte all dies rein gar nichts zu tun. Mein Vater war gerade in dieser Zeit, in der ich dem Tod manchmal näher als dem Leben war, einzig Hilfe und Stütze. Der stand in unverbrüchlicher Loyalität zu seinem Sohn. Und stiftete Trost auf die ihm eigene Art. Als meine Frau fort war, hab ich ihn weinend angerufen und ihm vom Scheitern meiner Ehe und dem Schutzmann aus Hamburg-Barmbek erzählt. Schweigen am Ende der Leitung. Dann nur ein einziger befreiender Satz: *Wenn es wenigstens Max Frisch gewesen wäre!* Der war damals zwar schon über 70, meine Frau gerade 25. Aber die Antwort ist und bleibt, in ihrer radikalen, einseitigen Sicht der Dinge, schlichtweg grandios. Dieser Vater wird für immer bleiben.

Gut 36 Jahre später, im Herbst 2009, sitzen wir beide nach dem Mittagessen noch eine Weile zusammen, Vater und Sohn, für die Generalverdächtiger vom Feuilleton und manch alten Freund: der Mörder mit seinem Opfer. Er ist elend, den Tränen nah und klagt. Er spricht leise, alles ist ihm *furchtbar* und *entsetzlich.* Er will sterben, sagt er. Er sagt es immer wieder.

Was gäbe ich darum zu wissen, was er wirklich meint. Das Ende ein für alle Mal – oder fühlt er sich in diesem Moment einfach nur unglücklich, todunglücklich, und will den Ernst seiner Lage mit einer aufschimmernden Floskel unterstreichen? *Ich will sterben.* Er zeigt mit der Rechten auf sein Herz. Ich nehme seine Hand, er soll spüren, dass ich um seine Schmerzen weiß. *Aber wir können Dich doch jetzt nicht einfach töten.* Ob er versteht, was ich meine? Jäher Stimmungswechsel. Er blinzelt mir zu wie ein Lausbub und sagt *Schade.* Einfach nur: *Schade* – und dann lacht er. So, wie ich ihn seit langem nicht mehr habe lachen sehen – und schiebt sich vergnügt ein frisch gebackenes Stück Butterkuchen in den Mund. Mir läuft es kalt über den Rücken. Dann lache ich mit.

Dank

Dieses Buch hatte viele Unterstützer. Ein erster Dank gilt Werner Zapf aus Bayreuth, der das aufwändige Projekt großzügig gefördert hat. Und dann gab es viele, viele Helfer. Klaus Becker vom Filmbüro Bremen, der mir zu einer DVD des Films *Vater und Sohn* verhalf. Dr. Mathias Jehn vom Archivzentrum der Frankfurter Universitätsbibliothek, der mir das Arbeitsjournal von Thomas Mitscherlich unbürokratisch zur Einsicht gab. Ludwig Bez aus Freudental, der mich auf Wassermanns *Adam Urbas* hinwies. Zu danken ist den Krankengymnasten vom Frankfurter Therapie-Zentrum Nordwest, die mich wieder auf die Beine brachten. Danuta und Uwe für die Befriedung des umfänglichen Papierkriegs. Antonia, die mir, als das Manuskript gar nicht mehr zu Ende kommen wollte, dann und wann den Horizont aufhellte. Zu danken ist meinen Gesprächspartnern: Professor Joachim Bauer, der mir in Oberstaufen ein faszinierendes Privatissimum über die Grundlagen der Hirnphysiologie gewährte. Florian Havemann, der mir von seinem Umgang mit dem Vatermord-Vorwurf berichtete. Niklas Frank, meinem alten Kollegen, dessen Mut mir imponiert. Bedankt sei mein Lektor Thomas Schmitz vor allem, der

Sachbuch-Programmleiter des Gütersloher Verlagshauses, der auch bei unserem dritten gemeinsamen Buch eine fast schon selbstquälerische Geduld mit seinem Autor bewies. Und Ellinor Lang natürlich, Ono, die Freundin seit einem halben Jahrhundert, die von ihrem Erlanger Antiquariat aus auch entlegenste Literatur besorgte und dieses Buch mit Ideenreichtum, Kritik und ungewohnter Nachsicht begleitet hat.

Tilman Jens
31. März 2010

Literaturverzeichnis

Bauer, Joachim: Das Gedächtnis des Körpers. München, Piper, 2009

Bauer, Joachim: Neurobiologische Befunde über den Einfluss zwischenmenschlicher Erfahrungen auf das Gehirn: Schützende und belastende Faktoren. Vortrag, Düsseldorf, 2003

Bode, Wilhelm: Goethes Sohn. Biographie. Berlin, Aufbau, 2002

Bronnen, Arnolt: Vatermord. Stück, Texte, Kritiken. Bremen, Theater Bremen, 1983

Canetti, Elias: Masse und Macht. Frankfurt, Fischer, 1990

Daiber, Nathalie / Skuppin, Richard: Die Merkel-Strategie. Deutschlands erste Kanzlerin und ihr Weg zur Macht. München, Hanser, 2006

Dehnbostel, Karin u.a. (Hg): Thomas Mitscherlich: Bilder – Medium des Erinnerns. Marburg, Schüren, 2001

Ehrhardt, Thorsten / Plattner, Anita: Verhaltenstherapie bei Morbus Alzheimer. Göttingen, Hogrefe, 1999

Eisenberg, Leon: The social construction of human brain. In: American Journal of Psychiatry, 1995

Eissler, Kurt R.: Goethe. Eine psychoanalytische Studie. München, Deutscher Taschenbuch Verlag, 1987

Frank, Niklas: Der Vater. Eine Abrechnung. München, Goldmann, 2005

Frank, Niklas: Meine deutsche Mutter. München, Goldmann, 2006

Franzen, Jonathan: Anleitung zum Alleinsein. Reinbek, Rowohlt, 2002

Freud, Sigmund: Dostojewski und die Vatertötung (1928). In: Studienausgabe, Band X. Frankfurt, Fischer, 1982

Freud, Sigmund: Über einen besonderen Typus der Objektwahl beim Manne (1910). In: Studienausgabe, Band V. Frankfurt, Fischer, 1982

Freud, Sigmund: Zwei Falldarstellungen (Der Rattenmann / Der Fall Schreber). Frankfurt, Fischer, 1982

Fromm, Erich: Ödipus in Innsbruck, Gesamtausgabe, Bd. VIII. München, Deutscher Taschenbuch Verlag, 1989

Goethe, August von: Auf einer Reise nach Süden. Tagebuch 1830. Hg. von Andreas Beyer und Gabriele Radecke. München, Hanser, 1999

Greve, Werner / Roos, Jeanette: Der Untergang des Ödipus-Komplexes.

Argumente gegen einen Mythos. Bern, Hans Huber, 1996
Gutmann, Willy: Das Fakultätsgutachen im Fall Halsmann. Eine Kritik. Berlin, Drei Masken, 1931
Härle, Gerhard: Männerweiblichkeit. Zur Homosexualität bei Klaus und Thomas Mann. Frankfurt, Hain, 1993
Halsman, Philippe: Philippe Halsman's Jump Book. New York, Simon and Schuster, 1959
Halsmann, Philipp: Briefe aus der Haft an eine Freundin. Stuttgart, Engelhorns Nachf., 1930
Hasenclever, Walter: Gedichte, Dramen, Prosa. Reinbek, Rowohlt, 1963
Havemann, Florian: Havemann. Frankfurt, Suhrkamp, 2007
Herrmann, Britta: Töchter des Ödipus. Zur Geschichte eines Erzählmusters in der deutschsprachigen Literatur des 20. Jahrhunderts. Tübingen, Stauffenburg Verlag, 2001
Hirsch, Matthias (Hg): Das Kindesopfer. Eine Grundlage unserer Kultur. Gießen, Psychosozial-Verlag, 2006
Hofinger, Niko: Die Halsmann-Affäre 1928-1930. In: Gehler, Michael / Sickinger, Hubert: Politische Affären und Skandale in Österreich. Von Mayerling bis Waldheim. Wien, Studien Verlag, 2007
Hoping, Helmut u.a. (Hg): Die Bindung Isaaks. Stimme, Schrift, Bild. Paderborn, Ferdinand Schöningh, 2009
Hupka, Josef / Pessler, Franz: Der Fall Halsmann. Wien, Gilhofer & Hanschburg, 1931. (Schriften der österreichischen Liga für Menschenrechte, Band 3)
Illies, Florian: Generation Golf. Eine Inspektion. Frankfurt, Fischer, 2001
Israels, Han: Schreber. Vater und Sohn. Eine Biographie. München, Verlag Internationale Psychoanalyse, 1989
Jens, Tilman: Goethe und seine Opfer. Düsseldorf, Patmos, 1999
Jungk, Peter Stephan: Franz Werfel. Eine Lebensgeschichte. Frankfurt, Fischer, 2001
Kasties, Bert: Walter Hasenclever. Eine Biographie der deutschen Moderne. Tübingen, Niemeyer, 1994
Kierkegaard, Søren: Furcht und Zittern. München, Deutscher Taschenbuch Verlag, 2005
Krause, Jens-Uwe: Kriminalgeschichte der Antike. München, Beck, 2004

Krüll, Marianne: Im Netz der Zauberer. Eine andere Geschichte der Familie Mann. Zürich, Arche, 1991

Krüll, Marianne: Zwei Väter, drei Söhne und der Tod. In: Väter und Söhne. Zwölf biographische Porträts. Berlin, Rowohlt, 1996

Laplanche, Jean / Pontalis, Jean-Bertrand: Das Vokabular der Psychoanalyse. Frankfurt, Suhrkamp, 1972

Lechner, Stefanie: Die Macht der Tropen: Das Beispiel der »Suhrkamp-Krise«. In: Jahrbuch für Wirtschaftsgeschichte. Berlin, Akademie Verlag, 2006

Lessing, Theodor: Halsmann. Tragödie der Jugend. In: Haarmann. Die Geschichte eines Werwolfs und andere Gerichtsreportagen. Frankfurt, Luchterhand, 1989

Lothane, Zvi: Seelenmord und Psychiatrie. Zur Rehabilitierung Schrebers. Gießen, Psychosozial-Verlag, 2004

Mann, Klaus: Kind dieser Zeit. Reinbek, Rowohlt, 2000

Mann, Klaus: Kindernovelle. Frankfurt, Fischer, 1978

Mann, Thomas: Unordnung und frühes Leid. Frankfurt, Fischer, 1978

Matt, Peter von: Verkommene Söhne, mißratene Töchter. Familiendesaster in der Literatur. München, Deutscher Taschenbuch Verlag, 1997

Müller, Lothar: Abgründige Spiegelungen. Johann Wolfgang und August von Goethe. In: Väter und Söhne. Zwölf biographische Porträts. Berlin, Rowohlt, 1996

Naumann, Uwe (Hg): Die Kinder der Manns. Ein Familienalbum. Reinbek, Rowohlt, 2005

Naumann, Uwe (Hg): »Ruhe gibt es nicht, bis zum Schluß«. Klaus Mann (1906-1949). Bilder und Dokumente. Reinbek, Rowohlt, 2001

Niederland, William G.: Der Fall Schreber. Das psychoanalytische Profil einer paranoiden Persönlichkeit. Frankfurt, Suhrkamp, 1978

Pollack, Martin: Anklage Vatermord. Der Fall Philipp Halsmann. Frankfurt, Fischer, 2004

Priess, Ursula: Sturz durch alle Spiegel. Eine Bestandsaufnahme. Zürich, Ammann, 2009

Roßbach, Nikola (Hg): Mythos Ödipus. Texte von Homer bis Pasolini. Leipzig, Reclam, 2005

Schatzman, Morton: Die Angst vor dem Vater. Analyse am Fall Schreber. Reinbek, Rowohlt, 1978

Schreber, Daniel Paul: Denkwürdigkeiten eines Nervenkranken. Autobiographische Dokumente und Materialien. Wiesbaden, Focus, 1973

Sontag, Susan: Krankheit als Metapher. Frankfurt, Fischer, 1981

Sophokles: Antigone. Neuübertragung von Walter Jens. München, Desch, o. J.

Sophokles: König Oedipus. Deutsche Übertragung von Walter Jens. München, Desch, o. J.

Thomä, Dieter: Väter. Eine moderne Heldengeschichte. München, Hanser, 2008

Thomä, Dieter (Hg): Vaterlosigkeit. Geschichte und Gegenwart einer fixen Idee. Berlin, Suhrkamp, 2010

Völker, Werner: Der Sohn August von Goethe. Frankfurt, Insel, 1992

Wassermann, Jakob: Adam Urbas. In: Meistererzählungen. Gütersloh, Bertelsmann, 1970

Weiss, Andrea: Flucht ins Leben. Die Erika und Klaus Mann-Story. Reinbek, Rowohlt, 2002

Weissensteiner, Friedrich: Kinder der Genies. München, Piper, 2007

Werfel, Franz: Nicht der Mörder, der Ermordete ist schuldig. Eine Novelle. München, Kurt Wolff, 1920

Zacharias, Sylvia: Diagnose Alzheimer: Helmut Zacharias. Ein Bericht. Nümbrecht, Hirnliga e.V., 2000

Bibliografische Information der Deutschen Nationalbibliothek
Die Deutsche Nationalbibliothek verzeichnet diese Publikation in der Deutschen Nationalbibliografie; detaillierte bibliografische Daten sind im Internet über http://dnb.d-nb.de abrufbar.

FSC
Mix
Produktgruppe aus vorbildlich bewirtschafteten Wäldern und anderen kontrollierten Herkünften
Zert.-Nr. SGS-COC-001940
www.fsc.org
© 1996 Forest Stewardship Council

Verlagsgruppe Random House FSC-DEU-0100
Das FSC-zertifizierte Papier *Munken Premium* für dieses Buch liefert Arctic Paper Munkedals AB, Schweden

1. Auflage 2010
Copyright © 2010 by Gütersloher Verlagshaus, Gütersloh,
in der Verlagsgruppe Random House GmbH, München

Dieses Werk einschließlich aller seiner Teile ist urheberrechtlich geschützt. Jede Verwertung außerhalb der engen Grenzen des Urheberrechtsgesetzes ist ohne Zustimmung des Verlages unzulässig und strafbar. Das gilt insbesondere für Vervielfältigungen, Übersetzungen, Mikroverfilmungen und die Einspeicherung und Verarbeitung in elektronischen Systemen.

Umschlagmotiv: Janssen, Horst, Bierdeckel, 30. März 1972.
© VG Bild-Kunst, Bonn 2010
Druck und Einband: GGP Media GmbH, Pößneck
Printed in Germany
ISBN 978-3-579-06870-1

www.gtvh.de